Falko Feldmann

Belinda

Beispiellos. Bahnbrechend. Blind.

Bibliografische Information der Deutschen Nationalbibliothek:
Die Deutsche Nationalbibliothek verzeichnet diese Publikation in
der Deutschen Nationalbibliografie; detaillierte bibliografische
Daten sind im Internet über dnb.dnb.de abrufbar.

Herstellung und Verlag: BoD – Books on Demand, Norderstedt

1. Auflage 2018

Umschlagbild: Grafitti 2015-9-2, Berliner Straße, Braun-
schweig; mit freundlicher Genehmigung von Sebastian Meyer,
www.ente-graphics.de

ISBN: 9 783752 840759

In Erinnerung an

Christina

die mein Bild in ihren Händen trägt

Inhalt

Dach der Welt

Ich wohne in einem Turm. Er steht im Berliner Bezirk Neukölln. Der Turm wurde erst vor kurzem ein wenig renoviert, so vor zwei oder drei Jahren, schätze ich. Jedenfalls riecht es im Treppenhaus noch hier und da nach frischer Farbe.

In einer Ausstellung habe ich mal ein Modell dieses Stadtteils betrachtet und kann folgendes über den Turm sagen: er überragt alle anderen Gebäude in seiner Nähe - und die sind schon gewaltig ge-genüber den Häusern, die in einiger Entfernung von ihm stehen. Der Turm gehört offenbar zu einer ganzen Reihe von Hochhäusern, die in Nord-Süd-Richtung ringförmig angeordnet sind.

Es müssen hier Massen von Menschen wohnen; aber ich kenne nur wenige und habe auch draußen in den Parks vor den Häusern bislang nur wenige gehört. Vielleicht liegt das daran, dass wir im letzten Oktober erst hierher gezogen sind und ich ihre Treffpunkte und Wege noch nicht kennen gelernt habe. Jetzt im Winter erscheinen die Geräusche ohnehin gedämpfter und die Menschen gehen vielleicht an mir vorbei, ohne dass ich sie wahrnehme. Das ist aber sehr unwahrscheinlich, wenn ich mir das recht überlege, weil ich eigentlich alles höre. Ich bin, so möchte ich sagen, sogar eine Geräusche-Sammlerin. Wenn ich ein neues Geräusch höre, setze ich alles daran herauszufinden, was sich dahinter verbirgt. Einmal hatte ich... Entschuldige, ich komme immer so rasch ins Plaudern. Zurück zum Turm.

Der Turm ist nicht rund und auch nicht einfach nur eine auf die kurzen Seiten hochgestellte Streichholzschachtel: vielmehr ist er mir in diesem Modell wie ein auf der Seite liegendes, sehr hohes ‚E' erschienen. Der mittlere Strich des ‚E' ist allerdings nicht so lang gewesen wie die beiden äußeren Schenkel; das habe ich genau gefühlt. Als ich mit den Fingerspitzen am oberen Schenkel hinunter fuhr, konnte ich unterhalb des oberen Drittels einen Vorsprung von genau drei Stockwerken Mächtigkeit erkennen.

Die Stockwerke waren leicht abzuzählen, weil zu jedem Stockwerk Vertiefungen von Fenstern oder Balkonen gehörten. Tatsächlich gibt es 30 Etagen und noch Aufbauten einer 31. Etage. Drei Fahrstühle fahren bis in den 29. Stock empor.

Doch Fahrstühle interessieren mich nicht.

Ich steige immer die Treppen nach oben. Das ist Teil meines Trainingsprogrammes. Gib mir noch ein zwei Wochen, dann schaffe ich den Lauf bis ganz nach oben. Derzeit schnaufe ich noch erheblich, doch das wird sich rasch geben. Ich spüre in meinen Beinen, dass es ihnen leichter und leichter fällt.

Den Weg nach oben und wieder zurück findet man

leicht. Es befinden sich Handläufe an der Wand und das Treppenhaus ist eng und verzweigt sich nicht. Es ist so eng, dass ich manchmal bitten muss, mich vorbei zu lassen, wenn sich jemand vor mir auf der Treppe befindet. Ein Mann vermutlich mittleren Alters mit seinen zwei Söhnen geht manchmal einige Etagen zu Fuß. Die Jungs sind jünger als ich – ich schätze so um die zwölf – und haben wirklich gar keine Lust auf den Stress. Sie stöhnen ihm das ständig vor. Deshalb meinte er heute, er wäre froh, eine Tochter wie mich zu haben, statt dieser faulen Lausebengel. Ob ich überhaupt genug sehen könnte mit meiner dunklen Brille in diesem engen, schummrigen Treppenhaus? Wenn der wüsste… Dann würde er vermutlich nicht so bereitwillig 2:1 tauschen. Ich muss grinsen und bin schon an ihnen vorbei.

Im 14. Stock wohne ich mit meinen Eltern. Die Tür kann ich leicht erkennen, weil wir neben die Klingel ein kleines Cello aus Holz geklebt haben. Sonst kommt man schon mal durcheinander. Bevor wir das Erkennungszeichen angebracht hatten, ist es mir mal passiert, dass ich an der falschen Tür geklingelt habe. Auf die Weise habe ich die Familie über uns kennen gelernt. Auch nicht schlecht.

Seit mehr als acht Wochen wohnen wir jetzt hier. Um ehrlich zu sein, eigentlich nur meine Mutter und ich. Mein Vater ist – wie eigentlich immer – auf Konzerttour. Er ist Cellist und überall auf der Welt unterwegs. Von ihm habe ich gelernt, Cello zu spielen. Wenn ich spiele, denke ich oft an ihn und stelle mir vor, wo er gerade ist und dass er beim Spielen wohl an uns denkt. Hoffe ich zumindest.

Seit acht Wochen laufe ich also jeden Tag die Treppen hoch und weit über unsere Wohnung empor. Während man so vor sich hin steigt, lernt man die Stockwerke zu unterscheiden. An den Gerüchen, an den Fußabtretern, die vor den Eingangstüren liegen, und an Gegenständen, die im Flur stehen oder liegen.

Da wunderst Du Dich?

Es ist aber so: während ich meine rechte Hand am Handlauf habe, schnippe ich alle vier Schritte mit den Fingern der linken Hand hörbar in den Raum des Treppenhauses hinein. Der zurückkehrende Schall ist stets unterschiedlich, wenn etwas im Raum steht. So werde ich auch einer Person bewusst, die still oben wartet, wenn sie mich kommen sieht. Ich bedanke mich bei ihr und sie glaubt nichts anderes, als dass ich sie gesehen hätte. So hat es mir die Frau von nebenan mal bestätigt, die nicht glauben konnte, dass ich zu den Nicht-Sehenden gehöre.

Gut, auf die Fußabtreter tritt man natürlich drauf, wenn man auf der Treppe die Wende macht und zu nah an die Eingangstüren der Wohnungen gerät. Es gibt Fußabtreter in verschiedenen Dicken und Materialien. Im 19. Stock liegt sogar einer, in den Draht eingewoben scheint. Mit den Materialien sind unterschiedliche Gerüche verbunden: Kokosfaser riecht man oder den Schimmel in den ganz dünnen Matten. Sag mir eine Kombination von Fußabtretern, an denen Du vorbei gekommen bist, und ich sage Dir, in welchem Stockwerk Du warst!

Wenn ich die Matten rieche, bin ich zufrieden. Denn dann dringt nichts aus den Wohnungen, was ihren Geruch überdeckt. Was da an üblem Gestank manchmal herausquillt, ist unfassbar. Vom 21. bis zum 23. Stock halte ich stets die Luft an, um das nicht mitmachen zu müssen. Ich habe den Eindruck, dass sich die Menschen hier nichts sehnlicher wünschen, als miteinander und eng beieinander zu wohnen in diesem Turm. Doch gleichzeitig grenzen sie sich voneinander durch ihre Gerüche ab. Sie nehmen auch untereinander keinen Kontakt auf. Oder nur, wenn es unvermeidlich ist. Wenn ich die Treppen emporsteige und jemandem begegne, spricht er mich nur an, wenn ich ihn fast umrenne.

Wenn das Frau Reichmann, meine Trainerin, gehört hätte! ‚Du sollst nicht zu viel nachdenken, Belinda, sondern lernen, lernen, lernen!' ist ihre stetige Ermahnung an mich. ‚Gehe aufrecht und halte dein Kinn gerade. Auf dem Boden hast du nichts zu finden und nur vergeblich zu suchen'. Frau Reichmann hat früher einmal gesehen und spürt unfehlbar, wenn man den Kopf senkt beim Gehen. ‚Nur wenn man die Augen geradeaus richtet, wird man in der Welt der Sehenden ernst genommen.' Das sind ihre Worte und ich beherzige sie. Ich kann aufrecht gehen, und meine Füße haben gelernt zu ahnen, wann ein Hindernis kommt.

So stelle ich mir das Sehen vor: Als Sehender kann man das wahrnehmen, was unmittelbar bevorsteht, auch wenn es lautlos daher kommt. Sehende können in die Zukunft blicken, weiter als Geräusche es erlauben. Wie sich das anfühlt, ist mir schleierhaft, aber es muss großartig sein.

Wenn ich die Treppen hinaufsteige, benutze ich nicht meinen Stock, sondern nur den Handlauf. Hier im Turm lerne ich mehr und mehr, auch auf ihn zu verzichten: ich zähle die Stufen und wende mich nach rechts, wenn mein Schnippen mir bedeutet, dass dort die Wand endet. Das ist ein verdammt gutes Freiheitsgefühl. Als ich das erste Mal von unten aufrecht, ohne den Handlauf zu benutzen, in unserer Wohnung ankam, habe ich vor Glück geweint, ehrlich.

Ich kann weinen, wie ich auch Augen habe. Eine meiner Mitschülerinnen hat keine Augen. Ich habe Augen, doch sehen sie von Geburt an nicht. Fast von Geburt an, muss ich richtiger sagen. Drei Wochen soll ich gesehen haben, dann ist irgendetwas schief gelaufen; keiner weiß es so genau. Erinnern tue ich mich nicht daran. Dass die Augen zum Weinen da wären, habe ich immer gedacht, als ich noch nicht über das Sehen nachgedacht habe und nichts darüber wusste.

29 Stockwerke sind es, die gleichförmig gebaut sind.

Dann, nach 465 Stufen, kommt man an einem größeren Raum vorbei, der als Gemeinschaftsraum gedacht ist. Treffen tut sich hier aber wohl keiner. Bin noch nie jemandem begegnet hier oben. Von hier geht es noch wenige Stufen höher in einen nicht genutzten Bereich des 31. Stockwerkes.

Dann endlich ist man oben: auf meinem Dach der Welt.

Als uns mein Vater eröffnete, wir würden nach Berlin ziehen, waren wir tief erschüttert. Wir haben das Leben in unserem Dorf geliebt. Doch weil er meiner Mutter versicherte, er würde dann öfter zuhause sein können und für mich gäbe es bessere Schulen als auf dem Land, fügten wir uns in unser Schicksal und zogen nach Neukölln. Diese Wohnung zu finden war nicht sonderlich schwer, weil mein Vater nicht so wenig verdient, wie viele in unserem Turm. Hierhin ziehen wollen zudem auch nicht viele. Meine Mutter wurde immer stiller, nachdem wir eingezogen waren, und noch stiller, als mein Vater immer seltener nach Hause kam. In den acht Wochen, die wir hier wohnen, war er ganze vier Tage hier.

Für mich aber erwies sich dieser Ort als wunderbar: nicht nur, weil das Treppensteigen es mir erlaubt, mein Lauftraining, das ich in der alten Heimat begonnen hatte, direkt fortzuführen, sogar im Winter. Nein, auch weil ich die Größe und Höhe des Bauwerkes spüre und damit eine viel größere Welt für mich erfahrbar wird, als für manche meiner Freundinnen, die in Einfamilienhäusern wohnen. Die lachen darüber und fragen zweifelnd: ein Treppenhaus als Welt? Spinnst du?

Ihnen ist nicht klar, dass dieses Treppenhaus zum Dach der Welt führt.

Das Dach der Welt muss den Wolken nahe sein; so nehme ich es an. Wolken, so habe ich erzählen hören, seien weiß und sie schwebten dahin im blauen Meer des Himmels. Sie seien scheinbar schwerelos, so dass sie vom Wind über den Himmel getrieben, zusammengeballt oder in alle Richtungen verteilt werden können. Ich stelle mir Wolken wie Schaum vor, den ich aus der Badewanne kenne. Nur noch leichter, so dass sie fliegen können, hoch oben. So stelle ich mir das vor, wenn ich oben auf dem Dach der Welt stehe.

Ich liebe die Luft, weil ich spüre, dass meine Gedanken ihr ähneln. Sie fliegen hoch und durchdringen alles, wenn ich nur will.

Jede Pore meiner Haut nimmt die Luft auf, hier oben auf dem Dach. Sie ist heute eisig und schmerzt im Gesicht, mit kleinen Eisnadeln. Doch ich liebe das: ich nehme meine Brille ab und reiße die Augen so weit auf wie es geht. Die kalte Luft lässt mich meine Augen spüren, presst eine Träne in die Augenwinkel. So erfahre ich den blauen Himmel. Blau ist kalt und

16

rein und voller Leichtigkeit: meine Hand kann die Luft durchteilen, und ich spüre sanften Widerstand. Wenn sie stärker widersteht, dann verwandelt sie sich von Luft zu Wasser. Das Wasser soll ebenso blau sein wie der Himmel und am Horizont vermischen sich Luft und Wasser, habe ich gelesen.

Ich öffne meine Jacke und breite die Arme aus, als könnte ich die ganze Welt umarmen, damit die Kälte an mich heran gelangen kann. Ich atme tief die kalte Luft, bis sie in meinen Lungen stechend fühlbar wird. So erstarre ich langsam zu einer Schneeflocke, die vom Wind hochgewirbelt wird in den endlosen Himmel, bis sie hinab sinkt ins Meer und dort zerschmilzt.

Hier, auf dem Dach der Welt, spüre ich, wie sehr ich lebe und das Leben liebe.

Begegnungen

In diesem Moment spüre ich, dass jemand da ist. Seine Gegenwart bohrt sich in meinen Rücken. Ich erlebe, wie sich meine Nackenhaare aufstellen. Mein Kopf ruckt zur Seite, meine Arme sinken; ich lausche auf ein Geräusch und höre doch nur den Wind, der an den Ecken der Wände und an den Antennen des Daches abreißt.

„Wer ist da?" rufe ich laut. Mir ist etwas mulmig. Vielleicht habe ich mich geirrt?

„Wer ist da?" wiederhole ich mit einer Stimme, der man hoffentlich ein Zittern nicht anmerkt...

„I-ich... Hier! Ich... Mein Name ist Ben. Aus dem 5. Stock. Tut mir echt leid. Ich wollte dich nicht erschrecken, ehrlich. Habe hier schon gesessen, als du hochgekommen bist." Ich nehme wahr, wie seine Schritte auf mich zukommen.

„Das ist kein bisschen spaßig! Hörst du! Ich hasse das!"

Ich kann mich nicht zusammenreißen; zu stark ist die Spannung, die sich aufgebaut hat. Während ich ihn anschreie, macht sich aber auch schon Erleichterung in mir breit. Seine Stimme klingt jung; er ist vielleicht so alt wie ich oder etwas älter, kann man schlecht genauer schätzen. Er klingt eher schüchtern, so wie er stottert. Glücklicherweise habe ich meine Fassung rasch zurück gewonnen.

„Tu-tut mir echt leid, ehrlich."

„Schon gut", werde ich versöhnlicher und knöpfe mir die Jacke zu. Mich fröstelt.

„Kalt heute…" Er sucht das Gespräch.

„Findest du?" antworte ich schnippisch. Manchmal finde ich mich grauenhaft, wenn ich so bin…

„Wie heißt du?"

Warum sollte ich es ihm sagen?

„Belinda…"

„Warum hast du dir bei dieser Saukälte die Jacke aufgerissen?" Er stottert nicht mehr, fällt mir auf.

„Geht dich nichts an!" ‚Belinda!' schelte ich in mich hinein. ‚Du versaust alles! Merkst du das nicht?'

„Ok, ich wollte dich nicht erschrecken. Mach´s gut. Ich gehe wieder runter."

Ich spüre, dass er beim Sprechen den Kopf senkt. Meine schroffe Art hat ihn offenbar abgeschreckt. Ich bemerke, wie sich in meinem Kopf Wörter bilden und den Weg bis zum Hals suchen. Wörter, die ihn halten wollen: ‚Bleib doch!' Mein Brustkorb spannt sich an und setzt alles daran, sie hinaus zu pressen. Sind doch nur zwei kleine Wörter!

Aber was dann heraus kommt, ist nun meinerseits Gemurmel und Gestammel.

„Bitte? Sorry, habe nichts verstanden."

Gottseidank, er hält inne. Der Tonfall seiner Worte verraten mir, dass er seinen Kopf wieder gehoben hat. Etwas Heißes durchzuckt meinen Rücken von oben bis unten. Ich weiß, dass ich mich erklären muss. Beherrsche mich und sage: „Gehen wir doch gemeinsam runter."

„Jepp!" ist alles, was er erwidert, doch nehme ich darin Erleichterung wahr. Ist da vielleicht sogar Freude auf seinem Gesicht? Und vermutlich, hoffentlich, bemerkt er auch mein Lächeln, wie immer er das ohne Finger auch schaffen mag.

Ben öffnet mir zwar die Tür zum Treppenhaus, lässt mich dann aber vor sich hinuntersteigen. Es ist wohl stark davon auszugehen, dass er jede meiner Bewegungen beobachtet. ‚Na, warte!', grinse ich grimmig in mich hinein und riskiere es: Treppe hinunter ohne Handlauf, ohne Stock.

Das hat was. Das kribbelt. Das klappt. Bestimmt.

‚Muss nur einen Augenblick lang das ganze Gewicht auf das linke Bein legen, leicht, wirklich nur sehr leicht in die Beuge gehen und dem rechten Fuß Gelegenheit geben, im Bruchteil einer Sekunde mit der Spitze nach unten zu prüfen, ob da wirklich ein Abgrund ist; im nächsten Bruchteil derselben Sekunde checkt mein Hacken, wo die Kante der Stufe ist. Dann ist alles nur noch Erfahrung und Vertrauen. Erfahrung, dass eine Stufe immer gleich tief ist, und Vertrauen, dass sich darunter eine weitere befindet…

„Hej! Du bist nicht blind, stimmt´s?"

„Stimmt, Ben. Ich kann nur nicht sehen." Ich freue mich derart über seinen Zweifel, dass ich vor Stolz fast platze.

Mein Fuß findet in diesem Augenblick keine Stufe mehr; wir sind eine Etage tiefer angelangt. Ich schnippe mit den Fingern und wende mich nach rechts zum Flur, ohne noch zu hinterfragen, ob das die richtige Richtung ist. Ich weiß es eben. Bin hier schon dutzende Male entlang gegangen.

Ben ist hinter mir stehen geblieben und hat zugesehen, wie ich die Kurve unten genommen habe und für ihn hinter der Wand verschwinde. Durch Wände kann man nicht sehen und Licht braucht man dazu. Ich glaube, Sehen ist kompliziert und man benötigt viel Übung dafür. Wie für das schnelle Laufen zum Beispiel. Wenn man es überhaupt kann, versteht sich.

Mein Gehör reicht um die Ecke, soviel ist sicher: Ben kommt hastig hinter mir her und ich vernehme das Trappeln seiner Stiefel hinter mir auf der Steintreppe.

„Warte, Belinda!" Klingt schön, wenn er meinen Namen ausspricht. Seine Stimme ist angenehm, warm und freundlich. Ich warte auf ihn und drehe mich zu ihm um.

„Warum trägst du diese schwarze Brille?"

Mann, was will er denn noch alles wissen? „Glaube,

was du willst, aber das geht dich nichts an." Wirklich, das geht ihn nichts an.

Schweigend steigen wir Etage um Etage hinunter, bis ich bemerke, dass wir an meiner Wohnung angekommen sind. Ich habe die Etagen nicht mehr gezählt, sondern habe mich darauf verlassen, dass ich in unserem Flur den Duft nach Sandelholz rieche. Vorsichtshalber taste ich aber nach dem kleinen Cello neben der Klingel, das ihn verströmt.

So einfach klanglos will ich aber nicht verschwinden.

„Hier wohne ich."

„Du heißt Luz do Céu mit Nachnamen?"

„Ja, und?"

„Was bedeutet das?"

„Luz do Céu ist Brasilianisch und bedeutet so was wie ‚Licht vom Himmel'…"

„Und Belinda?"

„Sanfte Kämpferin", antworte ich ihm verlegen.

„Beiß mich der wilde Hamster. Belinda Luz do Céu, die sanfte Kämpferin des Himmelslichtes. Und die lerne ich auf dem Dach eines Hochhauses kennen, während sie versucht, davon zu fliegen."

Seine Verblüffung treibt mir die Hitze auf die Wangen. Er verunsichert mich dermaßen. Ich drehe mich um, schließe die Tür auf und öffne sie.

„Kommst du Silvester nach oben? Dann können wir

uns die Raketen ansehen…"

Nun muss ich aber doch über ihn lächeln. Er schnallt's nicht.

„Ok. Ich komme mit dir nach oben, wenn du mich abholst. Aber aus dem Anschauen wird wohl nichts…"

Bevor er noch etwas erwidern kann, trete ich ein und schließe die Tür hinter mir. Lehne mich mit Rücken und Hinterkopf an sie an. Halte die Luft in meiner Lunge zurück und lausche nach draußen. Ben verharrt sekundenlang vor der Tür. Nach einer Ewigkeit höre ich, dass er langsam den Flur entlang geht. Dann dringen Geräusche herauf, die mir sagen, dass er mehrere Stufen auf einmal nimmt, mit Schwung zum Plateau der nächsten Etage hinunterspringt und – schon viel tiefer – laut „Yeah! Kämpferin des Himmelslichts" ruft.

Belinda Luz do Céu, du einsame Turmläuferin; seine Stimme ist so sanft und warm, dass sie mir auf der Haut gekribbelt hat. Der Typ gefällt mir, wie es mir mit niemandem zuvor gegangen ist. Wow...

Einzigartig

In unserem Badezimmer hängt über dem Waschbekken eine dünne Glasscheibe mit glatter Oberfläche von beträchtlicher Größe. Meine Eltern nennen es einen ,Spiegel'. Wenn sich solches Glas an der Außenwand der Wohnung befindet, nennen sie es ,Fenster'.

Von dem Spiegel erzählen die Leute Wunderdinge: dass man sein Abbild darin betrachten könne. Sein - Abbild - darin - betrachten. Das muss man sich erst einmal klar machen. Ich habe die Erklärungsversuche so verstanden, dass man im Spiegel noch einmal erscheint. Also: dass man einmal vor dem Spiegel und einmal in dem Spiegel steht? Aber wie könnte das sein? Hieße das nicht, dass man nicht mehr einzigartig ist? Dass man doppelt existiert?

Ehrlich gesagt ist mir das unheimlich. Dabei ist die Sache doch eindeutig. Wenn ich vor dem Spiegel stehe und betaste ihn mit meinen Fingern, dann fühle ich mich nicht. Da ist nichts als eine glatte Oberfläche. Es ist lächerlich, dass ich in dem Spiegel noch einmal sein soll.

Ich: ich soll schwarze Haare haben. Ich soll braune Haut haben. Ich soll braune, manchmal schwarze Augen haben – je nach dem, wer mich gerade betrachtet. Ich soll schön sein. Doch was heißt das?

Das Bild, was ich von mir habe, bekomme ich, wenn ich dusche. Fühlbar. Jedes Mal aufs Neue. Veränderbar. Jedes Mal neu. Ich.

Wenn ich warm dusche, hat das einen anderen Grund, als mir nur den Schweiß vom Training hinunter zu spülen. In dem Wasser, das beim Duschen an mir abläuft, betrachte ich mich. Es ist mein Spiegel, in dem ich wirklich bin; mit all meiner Dichte.

Wenn ich die Temperatur des Wassers richtig eingestellt habe, befestige ich den Duschkopf in seiner Halterung, richte ihn aus und stelle mich in die warme Flut. Um mich von aller Welt zu lösen und meine volle Aufmerksamkeit nur auf mich zu lenken, halte ich mir anfangs unter dem stärksten Wasserstrom mit den Händen beide Ohren zu. Das rauscht, wie ich mir einen Wasserfall vorstelle. Neigt man den Kopf nach links oder rechts, verschiebt sich auch der Wasserfall und verändert seine Töne. Ich liebe Töne, die dem Wasserfall gleichen. Ich liebe *Tonfälle*. Eines Tages möchte ich wie Jacqueline du Pré spielen können. *Werde* ich wie sie spielen können und wie Tina Guo. Ich will ein *Klanggemälde* erschaffen, das in seiner Wirkung der eines Gemäldes aus Farben gleicht. Ich will...

Wenn das Rauschen den ganzen Kopf ausfüllt und keinen Gedanken mehr zulässt, Raum und Zeit um mich herum hinter dem Wasserfall verschwunden sind, dann regele ich das Wasser auf ein Rinnsal hinunter und drehe es so heiß, dass ich seiner Spur folgen kann.

Die feinen Bäche plätschern zuerst in die Augen und auf die Nase, reißen dort ab und stürzen in die Tiefe; manchmal fühle ich, wie sie ganz unten auf einem der beiden Füße landen, wieder hochgeschleudert werden und unfühlbar an die Welt verloren gehen.

Beuge ich den Kopf eine winzige Bewegung weit nach vorn, gelingt es mir, den Duschstrahl genau auf die Mitte des Kopfes zu richten, dann kann es sein, dass er sich teilt und hinter beiden Ohren entlang rinnt, sich für einen kleinen Moment in den langen Haaren verfängt und dann verschwindet, um erst auf den Schultern wieder wahrnehmbar hervorzutreten.

Jetzt kann ich mich entscheiden: will ich mich vorn betrachten oder den Rücken? Ich entscheide mich für vorn und wölbe meine Brust etwas nach vorn, drehe die Schultern ein ganz klein wenig und lächele vor mich hin, weil das weiche Wasser nun links, dann rechts, die Hüfte streichelnd, weiter fließt oder seine Bahn über das Brustbein genau zur Mitte des Bauches zum Nabel findet, wo es sich verwirbelt und deutlich spürbar Spritzer abreißen.

Jetzt kommt es wieder auf die Stellung an: die Drehung der Hüfte, ihre wenige Zentimeter nach vorn oder hinten gewandte Stellung, kann darüber entscheiden, ob das Wasser an der Innenseite oder der Außenseite der Oberschenkel abläuft. Das Schwierigste ist übrigens, es auf der Oberseite der Schenkel zu halten, ohne es auf den Knien zu verlieren, sodass es die Füße erreichen kann. Es ist herrlich, dieses Duschen!

Ich lasse mir den Wasserstrahl auf die nach oben gerichtete Stirn fließen und so durch die Haare nach hinten laufen, dass er auf meinen Po trifft und dann an den Beinen nach hinten abläuft.

Voll und noch heißer drehe ich auf, setze mich dem Wasserfall aus. Und erst, wenn ich es nicht mehr aushalten kann in der heißen Flut, drehe ich ab, lasse die Glutflut ablaufen, schnappe mir das Handtuch und orientiere mich kurz, um hinüber in mein Zimmer zu gehen.

Wenn meine Mutter zuhause ist, bekommt sie exakt jetzt, da ich das Bad verlasse und auf den Flur trete, einen Schreianfall, weil ich alles nass tropfe. Das muss aber sein, sie versteht es nur nicht.

Das Wasser, das an meinem Körper herunter geronnen ist, vermittelt mir ein Gefühl für die äußere Gestalt meines Körpers, ohne dass ich Hände dazu benötige. Ich weiß durch das Wasser, wie weit mein Körper sich von oben bis unten erstreckt. Ich kenne die Entfernung zwischen meinem Rücken und meiner Brust. Von einem Ohr zum anderen ist es so weit, wie die Füße, nebeneinandergestellt, breit sind. Das Wasser misst mich aus. Es kann mich dabei aber natürlich nicht anfüllen, auch wenn es nach Einlass sucht.

Manchmal lasse ich es in meinen Mund strömen, bis es seitlich wieder aus ihm hinaus quellen muss. Ich liebe das Wasser wie die Luft; beide sind Elemente, die zu mir gehören. Die Luft gibt mir die Gedanken, den Atem und die Sprache, das Wasser das in mir pulsierende Blut.

Noch ist aber mein Gefühl von meinem Körper unvollkommen. Ich will mich nicht nur seiner Ausdehnung, sondern auch aller Details seiner Oberfläche versichern! Ich will sehen, wie er gestaltet ist. Will ihn sehen, auf meine Art. Mit meinen Händen.

Zwei Schritte auf Fliesen, zwei auf kurzhaarigem Teppichfußboden, einen Fuß auf Holzdielen, zwei über einen Bettvorleger, langhaarig. Dann habe ich mein Bett erreicht, das links steht und schon auf mich wartet. Ich ertaste das Kopfkissen, nehme daran Maß und breite das Badehandtuch auf dem Bett aus.

Alles muss sehr schnell gehen, bevor die Hitze der Wasserglut aus der Haut entwichen ist. Auf dem Rücken liegend überlasse ich mich meinen Fingerspitzen und der Innenseite meiner Hände. Sie erfahren und erspüren meinen Körper als eine Landschaft aus Hügeln, Tälern, Abstürzen, Höhlen und Falten. Trockene und feuchte Bereiche wechseln sich ab. Da sind solche, aus denen noch der warme Wasserdampf aufsteigt. Ihn können die Handinnenseiten erspüren und sie erkennen genau, ob sich meine Haut in anderen Regionen bereits abgekühlt hat.

Das geht leider sehr schnell, doch weiß ich schon, welche Stellen länger als andere für das Abkühlen brauchen, und verweile dort gern länger. Meine Hände lernen nicht nur die Schönheit der Oberfläche meines Ich zu erfassen und zu begreifen. Durch das heiße Wasser der Dusche entwerfe ich auch ein Wärmebild meines Körpers und kann mir so jede Stelle genau vorstellen und merken. Mein Gott, in diesem Augenblick fühle ich mich schön und vollkommen.

Die Füße, stelle ich auch heute wieder fest, sind als erste wieder kalt. Ich ziehe die Beine an den Körper und befühle die Zehen, die alle wie eine umgekehrte Panflöte aufgereiht sind. Meine Füße schmerzen vom Training und ich massiere sie ein wenig.

Heute ist ein besonderer Tag gewesen. Wir haben Starts geübt mit Sandwesten. In unserer Sporthalle. Meine Tandempartnerin hat mich abgeholt, wie manchmal freitags, wenn sie Zeit hat. Mit ihr fahre ich mit der U-Bahn bis in die Nähe der Sporthalle und sie bringt mich auch wieder nach Hause. Im Sommer werde ich mit ihr laufen, doch jetzt im Winter üben wir in der Halle. Heute Starts vom Startblock.

Weißt Du, was ein Tandempartner ist? Er räumt Deine Zweifel aus. Er läuft voran in eine Welt, die Du nicht so schnell wahrnehmen kannst, wie Du läufst. Verstehst Du das? Wenn dort ein Wand wäre: ohne Tandempartner würdest Du dagegen laufen oder nur langsam vor Dich hin tasten. Du hast die Wahl: Vertrauen oder Tasten. Du brauchst das unbedingte Vertrauen zu Deinem Tandempartner, wenn Du schnell sein willst. Leider kommt meine Tandempartnerin nur ab und zu zum Training. Kann sicher was Besseres unternehmen, als vor mir her zu laufen.

Was wird sein, wenn die Tandempartnerin sich als zu langsam erweist? Wenn ihre Beine zu kurz sind, ihr Atem zu flach, um mich auch nur annähernd an meine Grenzen zu bringen? Wenn ich fliegen möchte, wo sie im letzten Atemzug zu liegen scheint? Was werde ich dann tun?

Ich - bin – Belinda – die – Läuferin. Belinda, die unbändige Kämpferin. Ich will fliegen! Ohne Stock, der mich an die Erde bindet!

Starts jetzt ohne Tandempartnerin. Ich gestehe: bevor ich das gewagt habe, bin ich die Strecke vor mir dreimal abgeschritten, um sicher zu sein, dass da keine Mauer ist, gegen die ich rennen könnte. Was für ein Gefühl, einfach so Vollgas zu geben, nur gedrückt vom Gewicht der Weste! Die Beine für zehn Schritte zur Höchstleistung zu bringen. Unvergleichlich!

Doch erst beim zwanzigsten Start – als die Beine schon schwer und bleiern erschienen - habe ich erfahren, wofür ich leben werde: den ersten Flug ohne Sandweste, leicht wie ein Vogel, heraus aus der Hokke und hinaus in die Weite, werde ich nie vergessen. Meine Beine griffen so großen Raum, dass ich nicht mehr dem Boden verhaftet schien.

So will ich fliegen lernen und draußen die ganze Tartanbahn entlang jagen. Vierhundert Meter, eine Runde von ihrem Anfang bis an ihr Ende. In vollem Sprint. Kein Viertel, nicht die Hälfte. Ich werde die Jägerin der Schnellsten der Schnellen werden. Ich will nicht sanft zu ihnen sein! Ich will sie besiegen. Ich will Belinda, die siegreiche Kriegerin sein. Ich will heißen Atem haben, nicht kühlen! Sie sollen ihn in ihrem Nacken spüren, bis ich an ihnen vorbei ziehe.

Voller Stolz fühle ich, wie meine Waden unter dem Training immer stärker werden und unter der Haut meiner Oberschenkel Muskeln hervortreten. Ich muss fast vor Vorfreude auflachen. Sogar mein Becken verändert sich und ist ein ganz klein wenig nach außen getreten. Ein winziger Spalt ist dadurch zwischen meinen Oberschenkeln entstanden. ,Du bekommst die Beine einer Läuferin!' hat meine Trainerin gesagt und ich hätte beinahe abgehoben vor Freude.

Ich liebe meinen Körper und ich weiß, dass ich einzigartig bin.

Lange wusste ich das nicht. Ich erinnere mich noch mit Gruseln an die Zweifel daran. Klar, meine Eltern, insbesondere meine Mutter, hatten stets zugelassen, dass ich ihren Körper betrachtete. Aber er war so völlig unterschiedlich von meinem, dass ich keinen Zusammenhang erkennen konnte. ‚So wirst du auch mal aussehen, wenn du so alt bist wie ich', hatte meine Mutter gesagt. Was aber half mir das?

Ich hatte enormes Glück, dass ich mal meine Freundin, ein Mädchen in meinem Alter, betrachten durfte. Sie hatte ein vorspringendes Kinn, einen viel kürzeren Hals, als ich einen habe, und einen runden, weichen Bauch. Ihre Oberschenkel scheuerten aneinander und ihre Knie berührten sich im Stehen. Ehrlich: ich musste sie zwei Mal betasten, um so viel Unterschied zu glauben. ‚Jungen sind noch unterschiedlicher und kratzen vermutlich', denke ich plötzlich mit einem Gedanken an Ben. ‚Man wird sehen', wie immer alle sagen, wenn sie sich in Geduld fassen wollen oder müssen...

„Bist du wieder nass über den Flur gelaufen, Belinda!" Mutter ist zurück. Ich höre ihren Schritt den Flur herauf kommen, höre, dass sie den Lichtschalter betätigt, und spüre ihr Gewicht auf der Bettkante, als sie sich neben mich setzt.

„Zieh dir doch immer etwas an, Schätzchen. Wenn dich jemand so sieht! Dein Rollo ist nicht herunter gezogen. Wenn hier jemand hereinschaut!" Am feinen Klimpern ihrer Ohrringe höre ich, dass sie den Kopf schüttelt. Ich lächele in ihre Richtung: „Ich habe versprochen, das zu erwägen, wenn du mir erklärst, was das ‚Sehen' mit euch macht, wenn ihr mich so seht, wie ich eben bin. Hast du schon eine Antwort? Au-

32

ßerdem sind wir im 14. Stock und ihr könnt nicht um die Ecke blicken. Also…"

„Ach, du! Dein Anblick macht mit mir etwas anderes als mit… anderen," weicht sie der Frage wie immer aus. Doch erhebt sie sich nicht, sondern scheint zu überlegen.

„Wenn dich jemand sieht wie du in diesem Augenblick bist, Schätzchen, dann nimmt er ein Bild von dir in sich auf. Du selbst hast ein Bild von dir über deine Hände in dich aufgenommen: würdest du wollen, dass dieses Bild jemand von dir in sich trägt, dem du es nicht erlaubt hast?"

Ehrlich gesagt bekomme ich einen Heidenschreck, als sie mir das so sagt. Wem würde ich schon erlauben, mich auf meine Art zu betrachten? Nicht mal meiner Mutter!

Sie bemerkt offenbar meine Verunsicherung und legt mir ihre Hand auf den Arm.

„Das Bild, das wir Sehenden von anderen aufnehmen, kann unterschiedlichste Gefühle in uns auslösen: Lust, Sehnsucht, Ärger, Wut und vieles mehr." Sie macht eine Pause. „Aber wenn dich einer so sieht… Du bist so schön für unsere Augen, dass…"

Ich frage nicht weiter nach. Aber ich weiß, dass ich noch viel mehr über das Sehen in Erfahrung bringen muss. Jedenfalls werde ich vorsichtiger sein mit dem Bild von mir.

Dann ziehe ich eben die Vorhänge vor dem Duschen vor das Fenster...

„Lass uns was essen. Anschließend kannst du noch etwas üben, bevor es zu spät wird."

„Ich übe morgen ganz früh. Da störe ich die anderen Leute im Turm nicht, weil die meisten zum Einkaufen unterwegs sind."

„Ok." Sie geht wieder den Flur hinunter bis in die Küche und klappert dort mit den Töpfen.

Als ich mich angezogen habe, beschließe ich, doch ein wenig zu üben, und hole mein Cello hervor.

Wenn ich allein bin, nenne ich das Instrument nicht Cello, sondern Cella. Weil Cella meine Vertraute ist, meine Freundin und meine Trösterin in allen Lebenslagen.

Als wir uns aneinander geschmiegt haben und ich sie zärtlich begrüße, frage ich sie leise in ihren Bauch hinein, was sie heute spielen möchte. Ich höre in meinen Gedanken, dass sie nur meine Finger spüren möchte, und lege den Bogen zur Seite.

So zart und vorsichtig, wie ich nur kann, erzähle ich ihr auf ihren Saiten, was ich gestern und heute alles erlebt habe, und wie glücklich ich bin. Und Cella antwortet ebenso sanft mit ihrer melodischen Stimme, wie deutlich sie mich verstanden hat und wie innig wir zusammengehören.

Besucher

Es ist Samstag. Der Samstag vor Silvester. So gut
gelaunt ich auch eingeschlafen war gestern Abend, so
mies bin ich heute Morgen drauf. Ich denke schon
beim Aufwachen an Ben. Die Zeiger meiner Uhr sagen mir, wie spät es ist. Ob es nicht eigentlich egal für
mich ist, wie spät es ist, wollte mal einer wissen. Für
Blinde sei es doch eh immer dunkel… Manchmal
wird man einen derartigen Mist gefragt, dass man
keine Lust mehr hat zu antworten.

Ob Ben wohl morgen wirklich zu mir kommen wird,
um mich hinauf auf das Dach der Welt zu begleiten?
Was soll ein Sehender schon mit einer Blinden zu tun
haben wollen. Wahrscheinlich hat er mich längst vergessen.

Solange wir unter uns sind, ist alles in Ordnung. Wir
unter uns Blinden. Aber wehe, man lernt mal einen
Sehenden kennen. Noch dazu einen wie Ben. Dann
gerät alles durcheinander. Was sage ich bloß! War
doch nur so ein kurzes Gespräch! Aber Liebe gibt es
wohl nur auf das erste Gespräch hin, oder?

Eigentlich will ich mich nicht bedauern. Aber so
philosophisch und schlau der Spruch auch klingt, ich
sei nicht blind, sondern könne nur nicht sehen, so soll
er mir doch nur Trost spenden. Wie sollte eine nicht
blind sein, wenn sie nicht aus den Augen blicken

kann? Ohne eine Vorstellung zu haben, was Sehen überhaupt ist?

Ich fürchte, ich mache mir nur vor, dass mir nichts fehlt, um damit klar zu kommen, dass mir etwas Wesentliches, vielleicht das Wesentlichste fehlt. Ganz ehrlich; manchmal, so wie heute, wünsche ich mir nichts sehnlicher, als sehen zu können. Vielleicht weniger deshalb, weil ich nicht mehr behindert sein möchte, abhängig von der Hilfe anderer, sondern weil ich dann all diese Eindrücke, all diese Farben und Formen endlich so wahrnehmen könnte, dass mir das Gespräch mit jedem Sehenden darüber möglich wäre. Kannst Du das nachvollziehen? Würdest Du versuchen, Deinerseits nachzuempfinden wie ich meine Welt wahrnehme?

Wenn mich nie jemand darauf hingewiesen hätte, dass alle um mich herum sehen könnten, dann wäre ich zufrieden mit allem, was ich so zustande bringe. Hätte nichts vermisst!

Ohne Scherz: ich hatte mal einen Grottenolm auf der Hand. Im Zoo. Der soll vor zehntausenden von Jahren sehend in den Untergrund gegangen sein. Und weil es ohne Licht nichts zu sehen gab, hat er eines Tages die Augen nicht mehr geöffnet, war fortan blind, aber zufrieden. So aber lebe ich in einer Welt, die zu zweihundert Prozent auf das Sehen ausgerichtet ist. Wie könnte ich mich dem entziehen? Wie kann ich meinen Platz darin finden? Warum sollte Ben morgen kommen und mich zu einer Show abholen, die von Sehenden für Sehende gemacht ist?

Glaube nicht, dass ich gar keine Vorstellungen hätte. Schließ mal bitte Deine Lider oder streife Dir eine schwarze Binde über die Augen. Dann versuche, Dir eine Vorstellung von dem, was Du mit Deiner Hand ertastest, in Deinem Kopf abzubilden. Befühle eine Kugel, einen Quader, ein Messer, eine Blume oder das Gesicht Deiner Freundin, Deines Freundes. Man hört, dass Du selbst dann ein Abbild ‚sehen' wirst, wie du es vom Sehen erinnerst. Fühlst Du mehr als Du siehst? Siehst Du mehr als Du fühlst? Was empfindest Du beim Sehen, was beim Tasten?

Wenn ich etwas betrachte, empfinde ich ein Abbild aus der Form, dem Stoff, der Oberfläche, der Wärme, die das Befühlte ausstrahlt, erinnere meine Gefühle, die ich beim Befühlen hatte. Vielleicht unterscheidet sich unsere scheinbar so unterschiedliche Sehweise also gar nicht so sehr? Bis auf die Farben? Farben fühle ich nicht. Nur ein wenig, wenn sie von Sonne beschienen werden. Schwarz wird wärmer als braun, wird wärmer als rot, wird wärmer als grün, wird wärmer als gelb... Brauchst Du mehr Beweise, dass ich die Namen aller Farben kenne? Ohne eine Vorstellung von ihnen zu haben. Aber wenn nur die Farben Schwarz und Gelb nebeneinander liegen, ist von der Temperatur her Gelb eben Braun; so genau kann man das nicht tasten.

Du erkennst, ich mache mir erhebliche Gedanken um das Sehen und die Farben. Ich will in der Welt leben, die mich umgibt und nicht in einer anderen. Ich will mich auch einfach nicht fühlen wie eine, der etwas Entscheidendes fehlt.

Ich bin heute nicht gut drauf und Cella spielt traurige, sanfte Töne. Der Bogen streicht die Saiten und die Melodie ist klagend und erinnert an das Rauschen des Meeres, nicht an den freien, munter umher wehenden Wind. Das Meer spült die Wellen an den Strand, wo sie versuchen, hinauf aufs Land zu laufen. Wieder und wieder. Doch der Sand lässt sie versickern. Raubt ihnen ihre Kraft. Lässt nur einige zurück ins Meer gelangen, um es wieder und wieder zu versuchen. Cella bemüht sich, mich darüber hinweg zu trösten, dass ich die Wellen nicht sehen werde; nicht die Vögel, die am Gestade nach Nahrung suchen oder sich in den Wind drehen und an wer weiß was denken. Nicht die Wolken, die über das Meer ziehen. Nicht die Schiffe, die ich dort draußen vermute. Ihr Auf und Ab spielt der Bogen nach und trägt mich hinaus an den Horizont, den es nur für Sehende gibt, an dem sich für mich alle Wasser in unergründliche Tiefe stürzen könnten, ohne dass es für mich wahrnehmbar würde. Ich habe noch nie das Meer gesehen und werde es auch nicht sehen.

Genügt es aber nicht, es zu spüren? Es in mir abzubilden, mich in ihm abzubilden?

Cella bäumt sich auf. Der Bogen fordert kräftige Töne von ihr, die jetzt, da er schräg gestellt wird, immer bestimmter und kürzer werden. Cella nimmt rasch wahr, dass ich trotzig werde. Die Finger meiner linken Hand beginnen, immer schneller über die Saiten zu laufen und wo sie ihren Hals berühren, folgt ihnen weiter unten der Bogen für eine kurze Berührung oder zwei. Unbändiger und wilder wird das Spiel.

Zeig mir mein Inneres, Cella.

Ich bin, die ich bin.

Meine Lippen ziehen sich von den zusammengebissenen Zähnen zurück, meine Wangen spannen sich an und die Augen kneifen sich zusammen.

Mit oder ohne Sehen.

Bogen, laufe stürmisch und klage nicht länger! Lass diesen Turm zittern und bersten unter der Kraft, die du in den Beton verströmst. Bringe die Schwingungen hinauf zum Dach der Welt. Er soll beben durch mich, wanken, so dass ich ihn spüre. Bis zu den Wolken trage den Schall. Werde zu Wind, zu Sturm! Schreie hinaus, dass ich hier bin, ich, die ungestüme Schülerin der Klänge, deren Mut und Kraft selbst Beton brechen und das Blau aus sich heraus in ausbreitende, hochtürmende Wellen verwandeln wird.

Es klingelt, erneut, lange und drängelnd. Widerstrebend setze ich Cella ab und gehe zur Tür. Wahrscheinlich hat sich Mutter ausgesperrt. Das passiert ihr öfter. Ich bin noch so erfüllt von der Musik, dass ich nur rasch öffne und ebenso schnell wieder zurück zu meinem Instrument flüchte.

Der Hals von Cella ist noch warm, ihr Bauch noch voller Absichten. Vorsichtig setze ich den Bogen wieder an und finde schon nach wenigen Tönen wieder zurück ins Spiel.

Frei soll ich sein, so teilt mir Cella mit. Nicht mehr gebunden an Melodien. Meine Finger geraten in einen Rausch, der einem Wirbelsturm gleicht. Der sich in sich dreht und hinauf schraubt, dass selbst mir als Wesen der Luft und des Wassers schwindelig wird. Ich stürze ab, werde um mich selbst geschleudert und gerate ins Trudeln. Doch bevor ich den Boden erreiche und zerschelle, zerstäube ich in tausend Schneeflocken, die in einem immer sanfter werdenden Lufthauch hinab zur Erde sinken.

Der Bogen streicht lang und kostet Cellas Atem bis zum letzten aus, indem er das Spiel zu einer Symphonie aus alles umfassenden Lauten weitet und mit einem Wirbel von Tönen, wie er mir noch nie gelungen ist, endet.

Tief atmend und glücklich blicke ich nach vorn gerade heraus. Blicke ich: mit aufgerissenen Augen, meine Wimpern so hoch gezogen, dass ich sie in den Augenbrauen spüre. Ich sehe den Sturm aus Tönen so deutlich vor mir, wie ich meinen Atem höre. Mit Wangen, die errötet sind. Errötet sind, sage ich, weil ich weiß, was Rot ist: erhitzt, wie meine Wangen nach einem solchen Spiel. Rot ist heiß und voller Inbrunst. Rot ist kein Spaß, sondern voller Ernst. Rot ist, alles zu geben und nichts auszulassen.

„Mensch, das war unglaublich…" höre ich Bens leise Stimme.

Ich erschrecke mich derart, dass ich zunächst nichts antworten kann.

„Wie kommst du hier herein?" frage ich ihn nach einem Moment und weiß schon, dass die Frage überflüssig war, habe ich ihn doch selbst hereingelassen.

„Wie kannst du nur so krass spielen? Ich habe so etwas noch nie gehört."

„Üben."

„Quatsch, das hat nichts mit Üben zu tun, Mann. Ich übe auch Blockflöte für die Schule und was dabei herauskommt, ist nur Gequietsche. Es war, als ob ich in dich hinein schauen konnte. Echt! Mann, oh, Mann."

Ich beschließe, das Thema zu wechseln. Wird mir zu heikel. „Heute ist doch noch gar nicht Silvester…"

„Sieh nur, was ich besorgt habe… Tschuldigung…"

„Lass nur; sprich wie du es immer tust, ich verstehe das schon. Nur erwarte nicht, dass ich mir wirklich alles anschaue, hörst du?"

Vermutlich nickt er. Ich lächele in seine Richtung.

„Ich habe uns was für morgen besorgt. Wir brauchen nur noch einen Metalleimer."

„Was hast du besorgt?"

Es knistert leise und etwas schlägt stumpf aneinander. Ich rieche Harz und tippe auf irgendetwas aus Holz.

„Komm näher, was ich nicht anfassen kann, gibt es nicht."

„Tschuldigung."

„Hör mal bitte auf, dich ständig zu entschuldigen. Das nervt voll ab."

„Tschuldigung…"

Es ist ja nicht leicht mit ihm. Ich scheine ihn voll einzuschüchtern; ich mache doch aber gar nichts? Na gut, ich gehe auf sein Spiel ein: „Lass mal sehen."

Das versteht er und hält mir etwas vor die Nase. Meine Finger stellen einen grobmaschigen Plastiksack fest, in dem sich Holzscheite befinden. Es rieselt etwas auf den Boden. „Ich rate dir, das wieder sauber zu machen, sonst lässt dich meine Mutter hier saugen, bis du schwarz bist, wenn sie nach Hause kommt. Schwarz soll ja unschön und heftig für euch sein…"

„Ist nicht viel", tut Ben meine Sorgen um ihn ab. „Wenn wir noch einen Eimer finden, können wir morgen Abend auf dem Dach ein Feuer machen. Dann ist es nicht so kalt da oben, wenn wir auf die Raketen warten."

Sein Schweigen klingt erwartungsvoll und ich will ihn nicht enttäuschen. „Klingt gut. Ich bin gespannt. Glaubst du, es kommen viele dort hinauf?"

„Ich weiß nicht." Jetzt klingt er enttäuscht.

„Schwarz übrigens..." beginnt er sehr zögerlich.

„Ja?"

„...ist nicht unbedingt unschön..."

„Ach?"

„Deine Haare sind schwarz..."

„Und?" Mich reitet ein Teufelchen. Ich will ihn herausfordern.

„Und die sind superschön..."

„HmHm."

Jetzt doch verlegen will ich mir die Haare hinter die Ohren streichen, als ich zu meinem absoluten Entsetzen bemerke, dass ich meine Brille nicht aufhabe. Die ganze Zeit nicht aufgehabt habe. Sie liegt, wie immer, auf dem Nachtschrank. Ich setze sie auf und muss Ben sofort los werden.

„Wir treffen uns also morgen. Komm, ich bringe dich noch zur Tür." Sogar an seinen Jackenärmel fasse ich ihn und dränge ihn in den Flur. Er weiß wahrscheinlich nicht, wie ihm geschieht. Oder doch?

„Ist es wegen der Brille?" fragt er, während ich ihn

vor mich herschiebe. Noch vier Schritte. „Geht dich nichts an, habe ich dir schon mal gesagt."

„Du brauchst sie nicht!"

„Lass mich!"

„Ich sehe dich lieber ohne die Brille!"

„Bis morgen!"

Ich ziehe die Tür zu und stehe wieder mit dem Rücken zu ihr gedreht. Schlucken muss ich und tief durchatmen.

Er hat mich ohne Brille gesehen.

Er hat meine Augen gesehen.

Meine Augen, die ihn nicht sehen können.

Meine Augen, die ich selbst nie sehen werde.

Meine Augen, von denen ich weiß, dass sie das Wichtigste am Menschen für einen Sehenden sind.

Von denen ich weiß, dass sie für mich nur zum Weinen da sind.

Es klingelt. Ich will ihm nicht aufmachen und will doch nichts lieber. Klingelt erneut, lange und drängelnd. Von draußen höre ich Mutters Stimme: „Mach auf, Prinzessin! Wir haben alle Hände voll vom Einkauf!" Wir? „Los, mir fallen die Eier `runter!" Ich öffne die Tür.

„Schau mal, wen ich mitgebracht habe!"

„Hallo, Prinzessin…"

Die tiefe Stimme meines Vaters.

„Er bleibt über Silvester. Da können wir zusammen feiern!" Meine Mutter klingt begeistert, während sie eintritt. „Freust du dich?"

Ich aber raste in diesem Moment aus.

„Wo war er denn an meinem Geburtstag? An deinem? Wo war er zu Weihnachten?" schreie ich heraus. „Und jetzt kommt er mir nichts, dir nichts daher und versaut mir Silvester!"

Schon drehe ich mich um, renne den Flur entlang, verpasse die Tür zu meinem Zimmer, ramme mit der Schulter gegen den Türrahmen, dass es kracht, knalle die Tür hinter mir zu und werfe mich auf mein Bett. Was, wenn ich es mir mit Ben verdorben habe? Was, wenn er mich jetzt für eine blöde, blinde Kuh hält? Und dann dieser Überfall durch meinen Vater. Niemanden hätte ich lieber empfangen als ihn; aber jetzt? Macht er mir mit Ben jetzt endgültig alles zunichte, weil ich nicht zu ihm aufs Dach kann? Überhaupt weiß niemand, dass ich so oft allein aufs Dach hinauflaufe. Wenn das jetzt herauskommt? Mist! Mist! Mist!

Ärger und Panik steigt mir im Hals auf und bricht in einem Schrei aus mir heraus, der von der Bettdecke erstickt wird.

Da höre ich zaghaft ein Cello auf dem Flur. Vorsichtige, hüpfende Töne, gezupft, ohne Bogen. Suchende Töne ohne Melodie. Mein Vater.

„Hau ab!"

Versucht es auf seine uralte Methode, mit der er mich als Kind immer herum bekommen hat. Aber so nicht, mein Herr!

Schon sitze ich auf meinem Schemel, schon flüstere ich Cella zu: „Sei böse! So böse du kannst!"

In einer schrillen Kaskade kurzer Laute stürzt ein Tonfall bis zu den tiefsten Tönen herab, fährt wieder empor, kreischt, fetzt und nervt. Setzt einen Punkt zum Schluss. ‚Versuche es erst gar nicht erneut!'

Zögernd antwortet das Cello vor meiner Tür und wird traurig. Will gerade beginnen zu erzählen, da unterbricht Cella, die Böse, es in einem Schwall von hin und her wallenden Schallwellen, übertönt es und bricht unvermittelt drohend ab.

Unbeirrt jedoch erzählt das Cello draußen weiter von langen Reisen, flicht Motive aus Konzerten ein und sucht nach Gründen für seine Abwesenheit. Sucht nach einer Entschuldigung. ‚Kann aber keine Erklärung liefern', denke ich.

In seine Melodien stimmt jetzt Cella ein, die sich beruhigt hat, und nimmt die Motive auf, die sie kennt, doch wandelt sie in einen so schmerzlichen Ausdruck von Sehnsucht, dass ich selbst erschüttert bin bis ins Mark und meine Tränen so heftig aus den Augen schießen, dass sie vor mir hörbar auf Cellas Bauch tropfen.

Während ich Cella bin und Belinda zugleich, öffnet

sich die Tür und mein Vater tritt ein.

„Belinda. Verzeih mir, Belinda", sagt er leise, als Cella schweigt und ich mir Tränen abwische.

„Du spielst nicht nach strengen Regeln, Belinda. Du wirst einst eins sein können mit deiner Musik, wenn du lernst, dich an sie zu halten. Es ist Zeit für dich. Ich werde die beste Lehrerin für dich suchen."

Mein Vater küsst mich auf die Stirn, streicht mir über die feuchte Wange und wischt mir eine Träne vom Augenlid. Er dreht sich um, geht zur Tür und ruft zu mir zurück: „Was der Junge, den wir im Treppenhaus getroffen haben, gesagt hat, stimmt: du brauchst diese schwarze Brille nicht. Du bist für jeden, der Augen hat, eine faszinierende Erscheinung. Für die aber, die mit dem Herzen hören und sehen können, bist du von ebenso strahlender Schönheit."

Die Tür schließt sich und ich höre, wie er zu meiner Mutter sagt: „Mein Gott, wie wird sie erst spielen, wenn ihr Herz in Liebe aufgeht?"

Entwicklungen

Ich muss was unternehmen. Das steht außer Frage.

Immerhin weiß ich, dass er im fünften Stock wohnt.

Mein erster Entschluss ist, zu ihm hinunterzugehen und ihn zu suchen. Gibt ja nur vier Möglichkeiten im fünften Stock.

Mein zweiter Entschluss ist, meinen Eltern mitzuteilen, dass ich Silvesterabend möglicherweise nicht zuhause bin. Vom Dach der Welt erzähle ich erst einmal nichts. „Ich hole Brötchen!" rufe ich laut, schnappe mir meinen Stock, Brille, Schlüssel und Geldbörse und bin schon zur Tür hinaus.

Vor der Tür fasse ich meinen dritten Entschluss. Ich schließe die Tür wieder auf, werfe meinen Stock in den Flur und ziehe die Tür wieder zu. ‚Irgendwann muss man mit der Zukunft ernst machen', denke ich.

Als ich an die erste Stufe gelange und hinuntersteigen will, entschließe ich mich ein viertes Mal. Ich nehme meine Brille ab und werfe sie mit Wucht über die Schulter in die Ecke des Treppenaufganges. Das Geräusch verrät mir, dass sie den Flug nicht schadlos überdauert hat. Schon bereue ich den letzten Entschluss. Aber genau deshalb habe ich sie ja geworfen. Ich wollte, dass sie zu Bruch geht…

Im fünften Stock fasse ich mir ein Herz und klingele an der ersten Tür.

Eine unfreundliche Männerstimme ruft schon von innen fragend, wer denn so früh störe. Beißender Schweißgeruch kommt mir entgegen, als der Mann die Tür öffnet. Mir schießt in diesem Augenblick durch den Kopf, dass ich überhaupt nichts über Ben weiß. Selbst dieser Typ könnte sein Vater sein! Ich reiße mich zusammen und frage, ob Ben hier wohne. Dafür wecke ich ihn, will die Stimme wissen und knallt die Tür wieder zu.

‚Also offenbar nicht', vermute ich.

An der zweiten Tür öffnet eine Frau. Sie duftet nach Seife und ist eine Erholung gegenüber dem Stinker von nebenan.

„Ja, bitte?" Sie ist freundlich und ich würde wetten, dass sie auch lächelt.

„Ich bin Belinda Luz do Céu aus dem vierzehnten Stock. Ich suche Ben. Wohnt der hier?"

„Ben. Ja, der wohnt hier. Ich bin seine Mutter. Aber er schläft noch. Soll ich ihn wecken?"

„Nein, nein; es ist nichts. Wir wollten uns nur…, wir hatten vor… Wann steht er denn auf?"

„Na, das kann noch dauern", lacht die Stimme, die Bens Mutter ist.

„Belinda?" hören wir in diesem Augenblick seine Stimme von hinten aus der Wohnung dringen. Schon ist er an der Tür und sagt zu seiner Mutter: „Lass mal; ist für mich."

„Aah! Für dich." Wenn die keine Augenbrauen hochzieht, fresse ich einen Besen.

„Ihr braucht mich offenbar nicht, oder?" Seine Mutter zieht sich zurück und ruft über die Schulter: „Aber bleibt doch nicht draußen stehen!"

„Belinda." Ben spricht leise. „Und ohne Brille…"

Das Blut schießt mir die Wangen hinauf. Röte wird auch dadurch sichtbar, dass man unsicher ist, nicht nur durch Inbrunst. Wobei ich nicht weiß, ob das für die Sehenden die gleiche Röte ist. Für mich fühlt sie sich verlegener an.

„Ich wollte nur sagen, dass es mir leid tut wegen gestern", fange ich an.

„Du brauchst dich nicht zu entschuldigen."

In der Pause, die er macht, würde ich so gern sein Gesicht berühren dürfen, um zu fühlen, wie er mich betrachtet.

„War schon fast auf dem Weg zu dir. Hast du was vor?"

„Ich wollte gerade Brötchen holen."

„Ich komme mit", antwortet Ben kurz entschlossen. „Komm rein, ich ziehe mich schnell um."

Ich trete in den Flur ein und schließe die Tür hinter uns. Ben läuft denselben Weg, den ich in mein Zimmer gehe. Die gleiche Schrittzahl, biegt auch nach links ab. Sein Zimmer liegt wahrscheinlich genau unter meinem. Neun Stockwerke tiefer.

„Komm doch in die Küche!" höre ich die Stimme seiner Mutter. Auch die Küche ist im selben Raum. Wegen der Anschlüsse - Wasser und so weiter – die laufen von oben bis unten durch den Turm.

Als ich in die Küche trete, sagt seine Mutter, offenbar nicht zu mir gewandt: „Bitte. Nimm doch Platz!" Damit erwischt sie mich: bislang konnte ich mich so bewegen, als könnte ich sehen. Doch jetzt muss ich nach den Stühlen tasten.

Die Mutter bemerkt offenbar, dass ich verunsichert bin.

„Oh, entschuldige, ich wusste nicht… Ich dachte nicht, dass…"

„…ich nicht sehen kann? Macht ja nichts."

Ob Du es glaubst oder nicht: in diesem Moment macht mein Herz einen Sprung und ich richte mich so weit auf, wie ich nur kann: man sieht meinen Augen nicht sofort an, dass sie blind sind. Das ist mir so viel wert, wie nichts auf der Welt. So kommt es mir gerade jetzt jedenfalls vor.

Bens Mutter ist verlegen und weiß nicht, was sie sagen soll. Sie weiß auch nicht, was sie tun soll. Ich beschließe, ihr zu helfen.

„Ihre Wohnung ist wie die unsere zugeschnitten. Ich habe wie Ben das Zimmer gegenüber dem Badezimmer. Es sind sechs Schritte von seinem Zimmer bis zur Wohnungstür."

„Das wusste ich nicht…" antwortet sie, immer noch verlegen.

„Fertig!" Gottseidank taucht Ben endlich auf.

„Es tut mir leid." Ich weiß nicht, was Bens Mutter meint. Vielleicht, dass sie mich hat an der Küchentür stehen lassen.

„Ach, Mutter; Belinda mag es nicht, wenn man sich dauernd bei ihr entschuldigt. Sie ist absolut cool. Stimmt´s, Belinda?"

Ich drehe mich zu ihm und muss lächeln. Ich mag ihn. Er ist es, der cool ist. Es überkommt mich und ich frage: „Wir gehen jetzt Brötchen kaufen. Darf Ben bei uns frühstücken?"

„Natürlich!" Bens Mutter antwortet eifrig.

„Magst du?" wende ich mich an ihn selbst.

„Klar!"

Ich spüre, dass er strahlt.

Nun guck Du nicht so! Glaubst Du etwa, ich weiß nicht, wie es sich anfühlt, wenn jemand strahlt? Beim Strahlen sind die Mundwinkel nach oben gezogen, die Zähne sind nicht mehr von den Lippen bedeckt, sondern trennen sich leicht voneinander. Vielleicht befeuchtet die Zunge sie und zeigt dabei ihre Spitze auf der Unterlippe. Die Augenbrauen sind leicht empor gezogen, die Wangen auch. Glaub mir: die Stimme hat einen fröhlichen Klang, wenn jemand strahlt, sei es auch nur ein Wort, das gesprochen wird. Er strahlt und das Gefühl durchfährt mich.

Als wir die fünf Stockwerke runtergelaufen sind und aus dem Turm ins Freie treten, wird mir klar, dass ich einen riesigen Fehler gemacht habe. Ohne Stock bin ich verloren.

Stell Dir bitte vor: das Treppenhaus ist so eng, dass man das Schnippen der Finger als Echo zurück bekommt und daraus erkennt, wo man entlang gehen kann. Aber hier: die Welt vor mir weitet sich unendlich und kein Echo scheint zurück zu kommen. Mein Kopf wendet sich nach links, nach rechts. Ich schließe die Augen, lausche nach vorn. Lausche in den Verkehr hinein, höre einen Sturm von Geräuschen, den ich natürlich von dem täglichen Weg zur Schule her kenne, der sich aber als bedrohlich und neu erweist, wenn man ohne Stock seinen Weg finden will. Wenn man seinen Weg mit Geräuschen und ihrem Echo finden will.

„Ist was?" fragt Ben.

„Ben..."

„Ja?"

„Ich muss zurück, meinen Stock holen."

„Quatsch. Ich sag dir, wenn etwas im Weg liegt."

Mein Gott, er ahnt nicht einmal, in welcher Situation ich bin. Ich bin verloren: Mein Stock hat mir gezeigt, wo die Wand des Turmes endet. Ich weiß nicht, wie viele Schritte es bis dorthin sind. Von dort geht es über einen Pflastersteinweg hinüber zu einem Baum. Von Baum zu Baum, ich weiß nicht, wie viele Schritte zwischen den Bäumen liegen. Mein Stock hat es mir gezeigt. Und immer so weiter bis zur Straße, deren Bordstein er kannte. Ich werde über ihn stürzen. Werde nicht wissen, wo die Ampel ist. Werde nicht den gegenüber liegenden Bordstein bemerken und werde auch dort stürzen. Werde stürzen, werde nicht mehr wissen, wo ich bin.

„Hör doch, Belinda. Ich bin doch da!"

‚Ich bin Belinda, die Kriegerin des Lichts…' Ich bin den Tränen näher als seinem Trost. ‚Ich bin Belinda, die nicht einmal allein Brötchen holen kann. Wie sollte ich vierhundert Meter fliegen können schneller als jede andere.' Die Tränen laufen mir jetzt nur so hinunter, und ich kann vor Enttäuschung nicht anders.

„Mensch, Belinda…"

Ben klingt so weich, dass meine Heulerei sich zum Schluchzen steigert. Ehrlich. In diesem Moment glaube ich, dass der Himmel über mir zusammenbricht.

Ben legt seinen Arm um meine Schulter und sagt nichts. Mit seiner linken Hand nimmt er meine Hand und lässt mich flennen, bis ich mich beruhige. Das ist mir alles total peinlich, aber es war nicht zu verhindern.

„Darf ich deine Hand nehmen? Wollen wir gemeinsam gehen?"

Er ist echt lieb, und im Moment ist es wohl das Beste, es genau so zu machen.

Was soll ich sagen? Wir kaufen die Brötchen, wir steigen in den vierzehnten Stock empor und frühstükken mit meinen Eltern, die ihn mit allem verwöhnen, was er gerne essen mag. Wir erfahren, dass Ben keinen Vater hat, wie ich einen haben könnte. Als ich das sage, greift mein Vater meinen Arm und beteuert etwas, was wir ihm nicht mehr glauben. Meine Mutter und ich. Dann muss Ben wieder zu seiner Mutter hinunter. Dass wir uns für den Jahreswechsel verabreden, findet die Zustimmung meiner Eltern und alles ist gut.

Erst als ich mich mit Cella über meine Situation unterhalte, verfalle ich wieder in meine Trostlosigkeit. Doch sie zieht mich Stück für Stück aus dem Morast der traurigen Gedanken heraus und fordert von mir, mich den Schwierigkeiten zu stellen. War es nicht genau so, als ich begann, im Turm auf und ab zu laufen? Irgendwann konnte ich mehrere Stufen auf einmal nehmen!

Ich muss mich der Welt langsam nähern. Tatsächlich habe ich die ersten vierzehn Jahre meines Lebens unselbständig gelebt. Ich war immer von anderen betreut: wurde von hier nach dort gefahren, Essen wurde mir vorgesetzt, Sachen herausgelegt. Wenige Ausflüge, kaum Freundinnen. Keinen Freund. Keinen richtigen, wenn Du verstehst, was ich meine.

Fängt mein Leben jetzt erst an?

Verdammt, warum bin ich dann verzagt?

Vielleicht kann ich sogar eines Tages Stück für Stück auf den Stock verzichten? Vielleicht sollte ich ihn aber auch akzeptieren, wie andere ein Hörgerät. Als notwendiges Übel, das Vorteile schafft und die Teilhabe am Leben erleichtert.

Ich werde mir die Welt so erschließen, wie ich es mit meinem Körper getan habe: sie im Detail erforschen. Ich muss die U-Bahnen nutzen, die stark befahrenen Straßen, die ein Raster über die Stadt ziehen, um mich zu orientieren; aber dort, wo ich ankomme, muss ich die vielen Details erlernen, die mir weiterhelfen. Meine Füße müssen lernen zu sehen. Meine Ohren müssen das kaum hörbare Echo von Wänden aufnehmen, den Schritt von Passanten erkennen, vermessen und deuten.

Das wollen wir doch mal sehen; wenn ich das mal so sagen darf.

Lebensgefahren

Was für ein Tag. Das Jahr endet und mein Leben beginnt jetzt erst mit dem neuen. Ich weiß, dass ich mich verliebt habe. In den, der meine Tränen hingenommen hat, ohne dass es ihm peinlich gewesen ist, der mich geführt hat und dem ich dabei vertrauen konnte. Dessen weiche Stimme mir sein Inneres gezeigt hat und den ich schon seit Anbeginn der Zeit zu kennen glaube. Der, der in mir den Feuerdrachen herauf beschwören könnte, so dass ich erstmals keine Angst mehr vor den Folgen meines Tuns haben würde. Seine Glut spüre ich.

Ich weiß nicht, wie sich Sehen anfühlt, aber ich weiß, dass Sehende vieles, was ich mit meinen Fingern erspüre, ohne sie wahrnehmen können. Allerdings bin ich überzeugt, dass man durch Sehen keine anderen Gefühle aufbauen kann, als ich sie habe. Nur der Weg zum gleichen Gefühl ist anders.

Ich grübele oft, was Schönsein für Sehende bedeutet. Schönsein hat Anziehungskraft für Sehende und kann bei ihnen sogar Zuneigung auslösen. Klar, dass ich schön sein will, auch wenn ich noch nicht genau weiß, wie ich das erreichen kann. Habe mir Dreads flechten lassen, weil das cool sein soll. Habe mir ein Piercing machen lassen, weil ich das selbst cool fand. Ich vermute aber, dass das Wichtigste an der Schönheit ist, aufrecht zu stehen, aufrecht zu gehen und dabei die Augen geöffnet zu haben. Ich vermute weiter, dass Schönsein bedeutet, an sich zu glauben und dies nach außen zu zeigen.

Wer an sich glaubt, geht nicht mit gesenktem Kopf!

Wer an sich glaubt, spricht nicht vorschnell ‚Ja, ja!'

Wer an sich glaubt, ruht in sich selbst und hat Muße abzuwarten, was passiert und greift erst ein, wenn es nötig wird.

So will ich sein: Frau der Lage; entscheiden will ich ohne Eile, sprechen will ich, ohne gedrängt zu sein. Vor ihm will ich auf diese Weise schön sein und mir selbst bewusst.

Ich will sein, die ich bin. Belinda.

Der Abend vergeht zäh: Fondue, Du kennst das wahrscheinlich. Man spießt irgendetwas, was vorher roh auf einem Teller gelegen hat, auf eine Gabel und hält es in einen Topf mit siedendem Öl. Das Öl stinkt zum Himmel und ein Weilchen später behauptet man, das sei ja lecker, was man zunächst in eine Soße und sich dann zwischen die Zähne gesteckt hat. So geht das in einem fort; im Hintergrund läuft eine Sendung mit einem Showmaster, den ich mir so dick vorstelle, wie seine Stimme klingt. Nur noch zwei Stunden, behauptet eine Sprecherstimme. Mann, ist das ein

Grauen, hier mit den Eltern sitzen zu müssen, während Ben unten wahrscheinlich das Gleiche mit seiner Mutter durchmacht. Wann kommt er endlich, um mich aus dieser Lage zu erlösen?

Irgendwann, nach der – gefühlt - zweiundsiebzigsten Gabel, klingelt es an der Wohnungstür. „Ich gehe hin!" rufe ich eiligst und werfe den Stuhl um, als ich aufspringe.

„Hallo, Belinda!" sagt die vertraute Stimme von Ben. „Kommst du mit?"

„Mann, Ben, hat das gedauert. Ich dachte, du kommst gar nicht mehr", bricht es ehrlich aus mir heraus.

„Ich konnte nicht früher; meine Mutter…" will er sich entschuldigen.

„Warte, ich ziehe mir was über, dann bin ich bei dir."

Kein Problem, meine Jacke zu finden, meine Schuhe. Steht alles am richtigen Platz. Wir Nicht-Sehenden brauchen unsere Ordnung, wenn wir nicht stundenlang suchen wollen.

„Ich bin weg!" rufe ich meinen Eltern zu und knalle schnellsten die Tür hinter mir zu.

Ben fragt: „Darf ich deinen Arm nehmen? Oder macht dir das was aus?"

Braver Ben. Wenn der wüsste, wie gern ich das von ihm annehme. Ich glaube, wir Blinden haben einen riesigen Vorteil vor den Sehenden. Die kommen, so hört man, nicht so rasch an den Arm des Jungen, auf den sie scharf sind (die Wahrheit ist, dass ich noch nie jemandem so nah war wie Ben und noch nie auf jemanden ‚scharf' war).

Aber, verdammtnocheins, ich will es heute so. Ich will an seinem Arm gehen!

„Claro que não."

„Häh?"

„Natürlich macht mir das nichts und ich gehe gern an deinem Arm, Ben."

Als ich seinen Arm nehme, fühle ich seine Wärme. Außer dem Eimer mit dem Brennmaterial trägt er noch einen Rucksack auf dem Rücken. Ich wundere mich etwas, frage aber nicht. Gemeinsam steigen wir die vielen Stufen bis auf das Dach der Welt hinauf. Ben erzählt, wo er den Eimer für das Feuer gefunden hat, dass er noch Papier und Kleinholz beschafft hat und dass er hofft, dass das Holz für eine Stunde Feuer ausreicht. An der Tür nach draußen entdeckt Ben ein Schild.

„Betreten verboten. Lebensgefahr," liest er vor.

„Ich habe gar nichts gesehen", frotzele ich und Ben lacht. „So werden wir vielleicht doch noch allein bleiben…" Als wir die Tür öffnen, schlägt uns die Kälte beißend ins Gesicht.

„Wird lausig kalt sein, heute Nacht", meint Ben und

ich nicke nur. „Macht aber nichts, oder?"

Er schaut mich wohl an, weshalb ich den Kopf schüttele.

„Vielleicht sollten wir uns dort hinten hinsetzen?" fragt er und deutet wohl in irgendeine Richtung. „Dort am Rohr der Hauslüftung scheint es wärmer zu sein. Da sieht man keinen Raureif." Dieses Sehen hat was. Ich hätte lange rumtasten müssen, um diesen Ort zu finden.

„Wie du meinst..."

Tatsächlich spüre ich die Abwärme des Lüftungsrohres deutlich im Gesicht, als wir uns ihm nähern. „Warte einen Augenblick, bitte." Ben lässt mich los, nimmt offenbar seinen Rucksack ab. Ich höre Reißverschlüsse schnarren. Irgendetwas Großes holt er heraus. Ah, eine Decke. Ich merke, wie er sie aufschlägt. „Hier, ich lege sie dir um." Er verhält sich wirklich, als könnte ich sehen. Er weiß schon, was ich wahrnehme, auch ohne Sehen zu können. Recht hat er. Ich weiß, was mich erwartet. Die Decke tut gut und ist ziemlich groß.

„Hock dich schon mal hin! Ich mache uns noch das Feuer an."

„Darf ich helfen?"

„Danke, geht schon. Hab ich alles schon geschichtet. Muss es nur noch anzünden."

„Darf ich?"

„Klar."

Er zögert einen so winzigen Moment, dass es gerade ausreicht, um seine Verwunderung über meinen Wunsch durchdringen zu lassen. Wie schnell er mir aber vertraut und mir die Zündhölzer in die Hand drückt! Mann, Ben.

Er hat alles in dem Eimer perfekt aufgeschichtet, wie ich das auch getan hätte. Meine Finger finden das grobe Holz oben, darunter feines, das allerdings nicht ganz trocken scheint, darunter Papierseiten einer Zeitung.

„Darf ich das Papier zusammenknüllen? Dann brennt es schneller an, weil die Luft besser dran kommt."

„Klar…, schaffst du das, ohne alles raus zu räumen?" Ben geht auf mich ein. Ich finde ihn toll, echt.

„Claro que sim."

„Aha…, Belinda Luz do Céu. Sprichst du Brasilianisch?"

„So lala."

Jetzt habe ich das Papier geknüllt und baue mir einen Zugang für meine Hand. Das Zündholz ratscht auf der rauen Schachtelseite und ich höre die Flamme aufsprühen. Sie ist nahe an meiner Haut und ich spüre, dass sie lebt und gierig nach Futter sucht. Schon habe ich sie von unten dem Papier genähert, lasse das Streichholz fallen und ziehe rasch den Arm aus dem

Eimer. Die linke Hand prüft, ob meine Jacke vielleicht ebenfalls in Flammen aufzugehen droht. Ist aber nichts. Schon teilt der Qualm mit, dass das Papier brennt, Knacken kommt hinzu und zeugt von den entstehenden Flammen, die nach mehr verlangen.

„Perfekt." Ben ist zufrieden. Ich auch.

Ich setze mich in die Decke gehüllt und an das Lüftungsrohr gelehnt auf den Boden des Daches.

„Darf ich mit in die Decke?" fragt Ben vorsichtig und ich öffne sie an einer Seite, sodass er sich mit hinein wickeln kann. Wir können sie sogar noch über den Kopf ziehen.

„Das war eine Superidee, Ben." Ich höre ihn grinsen; ehrlich! Man kann hören, wenn jemand grinst.

. Da sitzen wir durch die Decke dicht aneinander gedrängt. Wir kommen zur Ruhe. Wir sind still . und lauschen zum anderen hinüber. Was wir hören, ist nicht der Atem des anderen, sondern der Atem der Stadt. Das Lüftungsrohr rauscht leise, der Verkehr strömt in Schüben, die ihm die Ampeln erlauben. Der Wind ist so schwach, dass er kaum hörbar an den Abrisskanten leise Geräusche macht. Irgendein Vogel, dem Flügelschlag nach eine Taube, flattert vorbei. Das Holz knackt munter und die Wärme strömt aus dem Eimer auf unsere Gesichter.

„Ich spüre deinen Atem", sagt Ben. „Ich habe meine Augen geschlossen und spüre die Bewegung, wenn du

Luft holst."

Mann, Ben. Das rührt mich.

„Ich wüsste so gern, wie sich das anfühlt, wenn man noch nie was gesehen hat."

Mann, Ben. Er rührt mich in meinem Innersten.

Ich halte es nicht mehr aus und suche seine Hand. Ohne zu überlegen, ziehe ich sie an meine Lippen. Sie riecht nach Rauch, so wie meine eigenen Finger nach dem Qualm des Feuers riechen.

Ben zieht sie nicht zurück, sondern lässt es geschehen.

„Ben, hast du eine Freundin?" Kaum habe ich das gefragt, könnte ich mich dafür ohrfeigen. Ich muss das aber wissen in diesem Moment.

„Mensch, Belinda; du stellst Fragen", antwortet Ben leise. „Ich hoffe es." Nach einem Weilchen fügt er hinzu: „Hast du einen Freund?"

„Auch ich hoffe es", flüstere ich noch leiser.

Ich habe plötzlich ein echtes Problem: Angst steigt in mir auf, die mir die Kehle einschnürt. Es kann nicht sein, dass ich seine Freundin werde. Ich bin blind wie ein Grottenolm und er ist sehend. So läuft das doch immer.

„Was ist mit dir?" Er hat meine Anspannung gespürt. Er ist anders als ich mir jemals einen Jungen vorgestellt habe.

„Bitte, Ben, bitte sage nichts zu mir, was ich nicht

glauben darf. Bitte sei ehrlich zu mir. Warum solltest du mich zur Freundin haben wollen? Ich bin blind und du…"

„Belinda… Ich verspreche, dir stets die Wahrheit zu sagen." Jetzt ist er es, der meine Finger an seine Lippen führt. Das erste Mal berühre ich sein Gesicht.

„Ben, bin ich schön für dich?"

„Belinda, vom ersten Augenblick an, in dem ich dich sah, wusste ich, dass du etwas so Besonderes bist, dass ich Angst hatte, dich anzusprechen. Weißt du noch, wie ich gestottert habe, als ich dich damals hier oben auf dem Dach der Welt traf?"

„Damals?" Ich muss lachen. „Das war vor zwei oder drei Tagen!"

„Was für ein Glück, dass wir hier oben auf diese Weise ins Gespräch kamen. Selbst hätte ich dich vermutlich nie angesprochen."

„Das hätte ich auch nicht getan. Wie auch? Ich hätte von dir nicht einmal gewusst." Ich hoffe, er hört meinen Frust über diesen Umstand nicht.

„Doch jetzt sitzen wir hier gemeinsam in eine Decke gehüllt auf dem Dach der Welt und kein Mensch ist hier, der uns…"

„Ja?"

„Sorry, nichts…"

Ich lächele mit dem schönsten Lächeln, dessen ich fähig bin. Gelernt in vielen Versuchen und kritisch beäugt durch meine Eltern und Freunde.

„Ja, Belinda, du bist schön. Ich weiß nicht, wie ich dich beschreiben soll... Deine ganze Erscheinung ist so – weich! Das ist vielleicht blöd gesagt: so – außergewöhnlich. Du trägst deinen Kopf so - aufrecht. Das Kinn vielleicht einen winzigen Grad zu weit oben. Du ruhst tief in dir selbst. Das unterstreichen deine Augen, deren Lider meist halb geschlossen sind. Einer, der nicht weiß, dass du blind bist, muss meinen, du würdest ihn aufmerksam, aber aus einer gewissen Entfernung betrachten. Wenn du deine Lider geöffnet hast, scheint dein Blick durch dein Gegenüber hindurch in eine andere Welt zu blicken. Du hast dunkelbraune Augen. Sie sind dunkler, als Kaffeebohnen. Deine Augenbrauen sind so tief schwarz wie deine Haare, die zu den langen Dreadlocks geflochten sind. Das schwarze Stirnband, das du auch heute wieder trägst, passt so wunderbar zu dir. Schwarz nimmt alle Farben in sich auf, wusstest du das? Das Schwarz passt perfekt zu der schönen Tönung deiner Hautfarbe, an der allein schon man die Brasilianerin in dir erkennt. Das Schönste aber sind deine Lippen, wenn ich das so ehrlich sagen darf. Und ich soll ja die Wahrheit sagen... Manchmal, wenn du im Turm läufst, stülpst du sie leicht nach außen – ja, genau, so wie jetzt - und das haut mich um, ehrlich."

„Mann, Ben..." Ich weiß nicht recht, was ich dazu sagen soll. Will alles glauben, was er sagt. Will mich freuen, dass gerade er es sagt.

„Ben, darf ich eine Bitte äußern?"

„Claro que sim!"

„Frechdachs; meine Sprache! Darf ich dein Gesicht betrachten?"

Ben antwortet nicht, sondern führt meine Hand, deren Finger sich noch an seinen Lippen befinden, an seine Wange und zieht seine eigene Hand zurück.

Das erste, was mir auffällt ist, dass seine Wangen nicht rund und gefüllt sind, sondern flach und schlank. Hatte ich mir anders vorgestellt, ohne zu wissen, warum. Vielleicht weil seine volle, weiche Stimme eigentlich nicht dazu passt?

Er erlaubt, dass meine andere Hand seine zweite Wange erkundet. Ein schlankes Gesicht liegt vor mir und meine Fingerspitzen machen sich auf den Weg zu den Ohren. Zweite Überraschung: seine Haare sind so lang, dass sie über beide Ohren fallen und erst unter den Kinnbögen enden. „Du hast ja lange Haare!" rufe ich erstaunt aus. Meine Handflächen fühlen, dass er sein Gesicht zu einem Lächeln verzieht. „Hmmm", bestätigt er mit zusammengepressten Lippen. „Entspann dich!" flüstere ich ihm zu, weil ich eben genau über diese Lippen hinweg gleite und ihre Konturen erfahre. Die Unterlippe ist etwas nach außen gewölbt, die Oberlippe hat ein kleines Grübchen. ‚Kussmund...' sagt der Feuerdrachen, dieser Wüstling. Er ist überhaupt nicht stachelig oder auch nur pickelig. Die Augenbrauen stoßen über der Nase nicht zusammen, sind auch nicht buschig, wie die von Vater; nicht auffällig, sozusagen. Die Augen, ihre Lider jetzt geschlossen, mittelgroß und recht weit voneinander entfernt. Lange Wimpern. Das ist schön. Die Nase. Schmal, würde ich sagen, nicht zu lang. Ein Gesicht, das mir gefällt. Das Kinn springt etwas vor. Ganz wenig nur. Ich behalte es zwischen Daumen und Zeigefinger meiner Hand. Ich ziehe Ben an mich heran und berühre mit meinen Lippen die seinen. Leicht, wie wenn ein Lufthauch ihn berührt, will ich sein.

Natürlich habe ich wieder nicht bedacht, dass Sehende in die Zukunft blicken können. So ist Ben kein bisschen überrascht, sondern ich an seiner Stelle: er erwidert meinen Lufthauch so zart, dass es mich heiß durchfährt. Ich bekomme in diesem Moment einen solchen Schreck vor meinem eigenen Mut, dass ich ein ganz klein wenig zurückweiche und flüstere: „Tut mir leid, Ben; ich wollte dich nicht überfallen..."

Doch der antwortet ebenso leise: „Mir tut es nicht leid, Belinda."

Er sucht mit seiner Stirn die meine und so verweilen wir eine ewige Zeit lang in Erinnerung an die warmen Lippen des anderen. Mein Gott, ich habe so etwas noch nie erlebt. Was, wenn ich aus einem Traum erwache?

Da zerreißt ein lauter Knall die Stille und lässt unsere Köpfe zucken. Dem Knall folgen zahlreiche kleinere Detonationen, und rings um uns her höre ich das Einschlagen von kleinen Splittern oder Kugeln, die, nachdem sie auf eine Wand getroffen sind, über den Boden des Daches der Welt rollen. Ein Heulen ertönt, noch eines und ein drittes. Dann bricht ein Sturm aus Explosionen um uns herum los. Voller Panik ducke ich mich mit dem Gesicht nach unten dicht an Ben. Wo soll ich so schnell auch hin? Flucht gibt es nicht für uns, die wir nicht sehen, was um uns geschieht. Ben jedoch reagiert völlig anders als ich. Er schreit mit freudig erregter und sich fast überschlagender Stimme: „Mann, ist das eine Show! Wir sitzen mitten im Feuerwerk! Die Raketen, die sie unten abfeuern, fliegen nur knapp über das Dach der Welt und detonieren um uns herum. Sieh dir das an!"

„Ben! Das macht mir Angst!" höre ich mich schreien.

„Blaue und rote Kugeln, weiße Sterne und Kometenschweife zischen um uns herum!"

„BEEEN!"

Ich raste aus, werde hysterisch und halte mir die Ohren zu. Tut mir leid, aber es ist so. Endlich schnallt er, was mit mir los ist. Er beugt sich an mein Ohr und ruft: „Hab keine Angst, wir sitzen sicher hier…"

„Sicher???"

„Hey, ich ziehe jetzt die Decke über uns. Es kann uns nichts passieren!.“

Wir kauern uns zusammen und ziehen die Decke vor unsere Gesichter und über den Kopf, sodass wir völlig darunter verborgen sind.

„Zack! Der hat gesessen!“ Ben freut sich tatsächlich, als eine Feuerkugel direkt neben uns einschlägt. „Junge, Junge! Das rumst!“ Langsam werde ich ärgerlich auf ihn. Der nimmt meine Angst nicht ernst!

„Ich will hier weg! Bring mich zum Treppenhaus!“ schreie ich ihn an.

Ben antwortet ruhig und sehr ernst: „Belinda, wir müssen hier sitzen bleiben. Der Platz ist sicher und du brauchst keine Angst zu haben. Ich bin bei dir und die Decke schützt uns. Wir schweben nicht in Lebensgefahr, solange wir hier in aller Ruhe sitzen bleiben. Dann können wir uns an allem sogar erfreuen.“

„Ich kann mich nicht an dem Feuerwerk erfreuen! Für mich kracht es nur unablässig und Feuerkugeln fallen uns auf den Kopf!“ Meine Stimme klingt immer noch ängstlich, aber Bens Ruhe überträgt sich nach und nach auf mich.

„Ich freue mich nicht an dem Krachen oder den Kugeln, sondern daran, dass ich es mit dir erleben darf, Belinda“, sagt Ben leise in mein Ohr. „Es tut mir leid, dass ich nicht bemerkt habe, dass dich das Feuerwerk so ängstigt.“ Nach einer Weile fügt er hinzu: „Aber es scheint auch langsam schon vorbei zu sein." Tatsächlich vereinzelt sich das Raketengeheul und nur noch manchmal rumst ein Donnerschlag unten in der Tiefe.

Ich komme mir plötzlich albern vor, so hysterisch wie ich mich verhalten habe. „Du musst mich für eine dumme, blinde Kuh halten, Ben..."

Statt einer Antwort nimmt er mich in den Arm und streicht mir Haare aus dem Gesicht. „Quatsch." Er hat noch ein paar Haare gefunden, die an meiner Wange feucht festgeklebt sind. „Ich muss nur erst lernen, was es bedeutet, blind zu sein. Verzeih du mir, dass ich so viele Fehler mache, Belinda."

„Warum gibst du dich mit mir ab, Ben?" frage ich ihn zweifelnd, weil ich so hin und her gerissen bin von meinen Gefühlen. Ich will ihm nicht auf die Nerven fallen, aber ich kann mir nicht vorstellen, was er an mir findet, was ich ihm geben könnte. Auf der anderen Seite will ich ihn nicht verlieren, will bei ihm sein und seine Nähe spüren. Habe Angst vor dem Vertrauen, das ich ihm durch meine Situation schenken muss, das ich ihm aber auch schenken möchte; habe Angst, dass ich ihn damit erdrücke und ihn die Verantwortung, die meine Gegenwart ihm aufbürdet, verschreckt. „Was hast du davon, dass du mit mir hier sitzt, Ben?" Was treibt mich an, solche Fragen zu stellen, müssen die doch gerade zu dem führen, was ich befürchte?

„Was soll diese Frage, Belinda? Vom ersten Augenblick an war ich von dir fasziniert. Dass du blind bist, ist nie wichtig für mich gewesen! Deine ganze Erscheinung, die Art, wie du dich bewegst, dein Spiel mit dem Cello, dein Training im Turm… Du bist unglaublich. Du bist Belinda, die sanfte Kämpferin. Es ist fantastisch, mit dir zusammen zu sein."

Klar, dass ich erröte; meine Wangen sind so erhitzt nach seiner Rede, dass er es bemerken muss!

„Ben, ich traue mich noch nicht zu glauben, was du sagst. Ich habe furchtbare Angst, dass ich morgen zu dir hinunter komme und du erkennst mich nicht mehr… Oder davor, dass du dich mit mir schämst, wenn uns deine Freunde zusammen sehen; wenn ich das so sagen darf."

Da antwortet Ben etwas, das mich wirklich erschüttert und tief beschämt: „Ich kann nicht glauben, dass du wirklich so blind bist, Belinda." Er klingt so traurig, als er das sagt, dass es mich im Innersten trifft. „Spürst du denn nicht, dass wir zusammen gehören?"

Das haut mich so um, dass ich nichts mehr zu sagen weiß. Ich gebe meinen Widerstand auf lasse meine Angst los und vertraue mich ihm an. Ich suche erneut seine Lippen und lasse sie nicht mehr los.

Raus aus dem Turm

Niemals hätte ich gedacht, dass sich das Leben so anders anfühlt, wenn man verliebt ist. Seit ich mit Ben zusammen bin, hat sich so viel verändert.

Morgens stehe ich viel früher auf. Weit vor dem Beginn der Schule. Vor dem Frühstück mache ich eine Stunde Fingerübungen auf meinem Cello. Mein Vater hat Wort gehalten und bezahlt eine sehr gute Cello-Lehrerin, die mich unterrichtet. Sie versteht es, mir alle Töne, alle Sequenzen und Melodien so beizubringen, dass ich jeden Tag aufs Neue mit Freude aufstehe und zu Cella springe, um auf ihr das neu Erlernte immer und immer wieder zu wiederholen. Vor allem hat die Lehrerin mir geraten, zwar für mich, aber auch für einen lieben Menschen zu üben und zu spielen. Deshalb denke ich an Ben, wenn ich übe. Er kommt sogar von Zeit zu Zeit herauf und hört mir zu. Er ist so still dabei, dass ich manchmal nachfrage, ob er noch da ist. Dann sagt er mir etwas Liebes oder legt mir seine Hand auf die Schulter. Er ist wunderbar.

Ben holt mich ab und fährt mit mir mit der U-Bahn zur Schule. Mein Gott, wenn ich daran noch denke, wie das vor Silvester war. Ich ging hinunter an den Straßenrand und ein Bus voller blinder Schüler holte mich ab. Dann wurden wir durch den Stadtteil gefahren und kamen nach zahlreichen Stopps irgendwo in der Schule an. Ehrlich: ich wusste gar nicht, wo die Schule lag!

Schon bald nach Silvester holte mich Ben das erste Mal ab und fragte, ob er ein Stück mitfahren dürfte. ‚Klar,‘ sagte ich und freute mich unglaublich. Wir warteten wie jeden Morgen auf meinen Bus. Ich hörte, dass er hielt und die Tür aufging. Ich rief dem Fahrer zu, das sei mein Freund und er würde ein Stück mitfahren wollen. ‚Halt,‘ rief der. ‚Das geht ja gar nicht.‘ Der sei ja ganz offensichtlich nicht behindert und müsse selbst mit der U-Bahn fahren. Dass sei schließlich ein Behindertentransport! ‚Behindert müsse man sein?‘ fragte ich aufbrausend. Was er sich erlaube! Er brauche auf mich morgens nicht mehr zu warten!

Während ich alles heraus brüllte, fasste ich Bens Hand nur noch fester. Was sollte ich machen, wenn der Bus nicht mehr hielte? Doch schon vernahm ich Ben, der zum Fahrer in den Bus rief, wir würden dann eben mit der U-Bahn fahren, die führe für alle Leute. ‚Von mir aus,‘ grunzte der Fahrer, schloss die Tür und brauste davon.

Ich weiß noch, dass ich anfing, herum zu flennen. Doch Ben nahm mich in den Arm und sagte nur: ‚Vollpfosten!‘ Das half mir sehr.

So fuhr ich zum ersten Mal mit Ben in der U-Bahn zur Schule. Er zeigte mir geduldig, wie ich mich zurecht finden konnte. Naja, ehrlich gesagt, allein schaffe ich es bis heute nicht, aber es ist ein Anfang.

Ich habe mich in Ben so sehr verliebt, dass ich nicht mehr weiß, was ich ohne ihn machen würde. Er ist die Luft, die ich atme und er ist mein Blut, das mein Herz umtreibt. Wie konnte ich nur früher ohne ihn leben?

Meine Mitschülerinnen und Mitschüler haben natürlich mitbekommen, wie es um uns steht. Kannst Du Dir vorstellen, dass sogar einige meiner besseren Freundinnen furchtbar ablehnend wurden? ‚Du gehst mit einem Sehenden?' fragten sie. ‚Willst du uns loswerden?' ‚Aber warte nur ab: irgendwann kommst du zu uns zurück gekrochen...' ‚Er wird dich ausnutzen und dann wegwerfen,' sagten sie. ‚Wahrscheinlich lacht er über deine Blödheit, zu glauben, dass er es ernst mit dir meint. Mit einer Blinden.' Ob ich glaube, mich schön für ihn machen zu müssen? Was denn schön für mich und ihn sei?

Sie verunsicherten mich mit allem, was sie sagten. Ich weiß tatsächlich immer noch nicht, was schön für einen Sehenden ist. Schön für mich ist ein Duft, der mich erfüllt, eine Stimmung, die mich trägt, eine Form, die mich einlädt, meine Finger weiter gleiten zu lassen und sie zu erkunden. Die Zartheit von Blüten, die Anordnung von Blättern in dieser Blüte. Schönheit erfasse ich. Schönheit er-fasse ich. Heißt Sehen erfassen? Kann ein Blick ertasten, wozu ich die Finger benötige? Das wäre allerdings ein starkes Stück! Dann würde ich verstehen, was meine Mutter meinte, als sie mich nach dem Duschen ermahnte, mich anzuziehen.

Ich ließe doch niemanden mich einfach so abtasten, ohne dass ich es wüsste!

„Ich sage dir, wann du schön bist", sagte Ben eines Tages. „Wenn du die Tür eurer Wohnung öffnest und mich anlächelst; wenn du meine Hand nimmst und sie so fest drückst, wie du nur kannst; wenn du in den Himmel zu blicken scheinst, weil du die Wolken ahnst; wenn du so lieb lachst, obwohl ich Unsinn erzähle; wenn du so ernst bist, weil du mit Cella sprichst und in dein Inneres blicken lässt. Du bist immer so schön, Belinda, dass es keinen Moment gibt, in dem ich es nicht so empfinden würde."

Solche Sätze erdenkt sich Ben und manchmal glaube ich, er sei viel älter, viel weiser und erfahrener als ich.

Obwohl er mich so auffängt, wurmt mich das Verhalten meiner Klassenkameradinnen sehr. Wahrscheinlich sind sie neidisch, dass ich so viel Glück im Leben habe: einen Menschen gefunden zu haben, der sich für mich interessiert, der sich für mich einsetzt und der mich sogar liebt.

Wann liebt man einen Menschen?

Ich glaube, wenn man wie der andere empfindet, wenn man ihn wie sich selbst wahrnimmt, wenn man in ihn hineinkriechen möchte oder dulden würde, dass er selbst in einen hineinkröche.

Wenn man der Schutzengel des anderen sein möchte, wenn man möchte, dass der andere der eigene

Schutzengel wäre.

Wenn man weiß, dass er es ist.

Wenn man mit den Ohren des anderen hört, wenn man mit seinen Augen sieht.

Ich bin sein Ohr, er mein Auge. Und unser beider Freude sind unsere Lippen.

So wie mir mit meinen Freundinnen geht es Ben mit seinen Klassenkameraden. Auch sie missbilligen allzu offen unsere Liebe oder schätzen sie gering. Kürzlich holte ich Ben von seiner Schule ab und wir gingen gemeinsam zur U-Bahn, um nach Hause zu fahren. Wir trafen in der U-Bahn-Station eine Gruppe von vielleicht vier oder fünf Mitschülern. Genau konnte ich das bei dem Stimmengewirr auf dem Bahnsteig nicht unterscheiden. Ein Junge sprach Ben an: ‚Na, musst du deine Freundin wieder durch die Gegend zerren?' Alle lachten. ‚Nur kein Neid!' antwortete Ben mit fester Stimme. Doch ich spürte seine Anspannung und wollte seine Hand loslassen. Er hingegen hielt sie umso fester. ‚Warum sollte ich neidisch darauf sein, dass du dir einen Blindfisch geangelt hast?' Alle grölten vor Lachen.

Gerade wollte ich den Typen anschnauzen, als sich eine Mädchenstimme in die Auseinandersetzung einschaltete und den Jungen, der offenbar ihr Freund war, in scharfem Ton zurechtwies: ‚Geht´s noch? Ich will das nicht noch einmal hören, kapiert? Mit einem solchen Armleuchter habe ich keinen Bock zusammen zu sein! Nimm dich in Acht!' Der Sprecher, dem dies gegolten hatte, murrte, maulte und grunzte etwas von ‚blöder Kuh', meinte damit aber wohl nicht mich.

‚High, ich bin Chrissy. Entschuldige bitte. Er ist sonst eigentlich nicht so,' hörte ich die Mädchenstimme in versöhnlichem Tonfall an mich gerichtet sagen.

‚High, Chrissy, ich bin Belinda. Kein Problem. Trotzdem danke.'

‚Vielleicht sehen wir uns ja mal?'

‚Ja, warum nicht?' antwortete ich, obwohl ich mindestens einen triftigen Grund kannte, der dies unmöglich machen würde.

Beide waren wir verlegen und wussten nicht, was wir sagen sollten.

‚Chrissy ist auch eine Läuferin, Belinda. Vielleicht sogar so schnell wie du.' Ben schien sie abzuschätzen. ‚Hallo? Ich höre wohl nicht recht? Ich bin die Schnellste der Schule und habe im letzten Jahr die Bezirksmeisterschaft gewonnen!' Chrissy lachte selbstsicher.

‚Da war Belinda noch nicht dabei, stimmt´s?' Ben ist mein Freund, glaubst Du es mir?

‚Hm. Belinda, du läufst also?' Chrissy klang überhaupt nicht überzeugt.

‚Ja, das tue ich. Zurzeit laufe ich noch in unserem Turm. 465 Stufen in 4:32 Minuten. Doch wenn die Außensaison startet, will ich 400m trainieren…'

‚Aber du bist doch blind! Wie willst du das machen?'

Ich lächelte in ihre Richtung und erklärte ihr das Tandemlaufen. ‚Leider habe ich nur eine langsame Tandempartnerin,' endete ich mit meinen Erläuterungen.

‚Darf ich mal mit dir trainieren?' fragte mich Chrissy da und ich war platt vor Überraschung. Natürlich willigte ich total begeistert ein. ‚Wieder einmal zeigt sich, dass alles Schlechte auch ein Gutes hat.' dachte ich in Erinnerung an den Beginn unseres Treffens. ‚Ben wird uns informieren, wenn es draußen losgeht, ja?'

In diesem Moment rauschte auch schon die U-Bahn herein und unterbrach uns.

Der Winter ist saukalt in diesem Jahr. Es ist gut, dass ich im Turm wohne, weil ich auf diese Weise trainieren kann, obwohl draußen Eis und Schnee das Leben bestimmen. Ben läuft ab und zu mit aufs Dach der Welt, aber er kommt doch recht schnell außer Atem, wenn ich ihm davoneile. Drehe ich mich um und rufe nach ihm, antwortet er mir von ziemlich weit unten. Er ist der Gemütlichere von uns beiden… Ich selbst muss mich immer bewegen. Wenn ich nur herumsitzen müsste, würde ich vermutlich wahnsinnig werden.

Die Tage, an denen ich mich nicht mit Ben treffen kann, vergehen langsam, nervig langsam. Dann übe ich mit Cella, bis die Finger schmerzen.

Eine Zeitlang hatte ich Angst, ich könnte Ben behindern, das zu tun, was er sonst mit seinen Kumpels tut. Aber er erstaunte mich wieder und wieder, indem er mich einfach mitnahm: wir besuchten ein Fußballspiel von Hertha. Mein erster Besuch in einem Stadion! Die Atmosphäre war fantastisch. Ben zeichnete mir den Ballverlauf in meine Handinnenseite und quasselte in einem fort, wer den Ball zu wem spielte, wer wen foulte und warum der Schiedsrichter immer falsch lag mit seinen Entscheidungen gegen unsere Mannschaft. Und wenn Hertha ein Tor schoss, küssten wir uns voller Freude. Und wenn der Gegner ausglich, erst recht. Und wenn beide vorbeischossen, vorsichtshalber auch.

Er nahm mich mit zum Bowling! Stell Dir mal einen Blindfisch vor, der bowlt! Chrissy war auch da, und wir sprangen wie irre herum, als ich das erste Mal einen Strike warf.

Niemals – wirklich niemals, glaube es mir, hätte ich gedacht, dass das Leben in dieser Gemeinschaft der

Sehenden mir so viel Freude machen könnte. Alles verdanke ich Ben, dem ich vertraue, was immer er mir anbietet, mit ihm gemeinsam zu tun.

Mit Ben ins Hallenbad. In aller Eile musste ich noch mit meiner Mutter einen Badeanzug kaufen gehen, der meinen Ben beeindrucken sollte. Ich wollte einen roten, ist doch klar. Aber meine Mutter bestand auf einem gelben ...

„Meine Güte", sagte Ben, als er mich sah.

„Gefällt er dir nicht?" fragte ich ganz verunsichert.

„Meine Güte", wiederholte er. „Niemand ist so schön wie du, Belinda Luz do Céu!"

Eine Bahn nach der anderen zogen wir durch das Sportbad, ich dicht hinter ihm, bevor wir uns im sprudelnden Wasser des Whirlpools noch etwas näher kennen lernten, wenn ich das so ausdrücken darf...

Kannst Du mir glauben, dass ich noch nie mit einem Jungen getanzt hatte, bevor mich Ben mit in eine Disco nahm? Es war ein irres Gefühl, nicht nur die Musik um mich herum zu hören, sondern in seinen Armen herumgewirbelt zu werden. Vielleicht habe ich ihn etwas zu fest gehalten, weil ich echt Schiss hatte, ihn in dem Gedränge zu verlieren. Das möchte ich lieber nicht erleben.

Achterbahn, Gruselkabinett: alles, alles ist so herrlich mit ihm.

Irgendwann waren Ben und ich dann das erste Mal

auf der Tartanbahn des Sportplatzes. 400 Meter in langsamem Trott. Was da auf mich wartet, konnte ich danach so langsam ermessen. Wie aufregend!

Stimmt! Eines habe ich noch vergessen: Cello spielen in der U-Bahn. Du ahnst schon, was dabei passiert ist? Ich ließ meinen Koffer offen vor uns stehen, und die Leute warfen Geld hinein, während ich spielte! Fast 20 Euro in einer Stunde. Wir fuhren sofort in die Oranienburger Straße und aßen in dem besten Currywurst-Laden der Stadt bei dem ultimativ freundlichsten Currywurstverkäufer der Stadt ein Berliner Menü: Currywurst, Pommes und Limo. Wir waren so ausgelassen, dass wir uns gegenseitig mit Currywurst fütterten. Glaubst Du, dass mir das geglückt ist? Natürlich nicht! Das ist doch der Trick! Nur so haben wir uns anschließend von der Sauce sauber schlecken müssen! Mensch, so etwas hast Du noch nicht erlebt. Da bin ich sicher. Wir haben so gekichert und gelacht, dass der Verkäufer zu uns rübergerufen hat. Dann mussten wir auch seinetwegen prusten und kreischen. Zur ‚Strafe‘ müsste ich ihm ein Lied spielen, hatte er streng verlangt. Zum Schluss war echt eine Superstimmung in dem Laden; die Tür stand auf und jede Menge Touris kamen herein, um ein typisches Menü zu schlemmen und typisch Berliner Musik zu hören. In dem Laden bekommen wir die Currywurst jetzt umsonst, wenn ich spiele. Ist doch ein fairer Deal.

Samstag ließen wir uns auf dem Hackeschen Markt von der Menschenmenge voran treiben. Das Stimmengewirr, das mich umgab, machte es schwierig, die Orientierung zu behalten. Aber Ben hatte ja seinen Arm um meine Taille geschlungen und hielt mich auf Kurs. Den Stock hatte ich eingepackt. Wir drifteten an vielen Ständen vorbei, an denen sich Menschentrauben stauten. Den Geruch nach Grillwürstchen, Gewürzen, Seife, Bier, Zigarettenrauch und – ja, tatsächlich – Fisch nahm ich wahr und rümpfte sicher verschiedentlich die Nase.

Plötzlich hörte ich zaghafte Töne, die nach einem Rhythmus suchten. Töne, die mich vollständig für sich einnahmen, weil ich sie doch tatsächlich nicht zuordnen konnte. Mir war kein Instrument bekannt, das solche Töne hervorbringt. Klar, es klang wie eine Trommel, aber die Töne wurden nach innen verschluckt, wenn Du verstehst, was ich meine. Jedenfalls erwachte die Lautjägerin in mir. Ich wies Ben auf die Musik hin, und der hörte sie nach einer Weile ebenfalls. Jetzt war ich es, die ihn in Richtung der Töne drängte, und er bemühte sich, uns den Weg zu bahnen und Hindernisse zu umschiffen.

Unter der S-Bahn zwischen zwei Lokalen fanden wir die Musiker. Sie hatten inzwischen einen guten Groove drauf; funky könnte man sagen.

„Na, was glaubst du?" forderte mich Ben heraus.

Die Musikanten steigerten sich und kamen richtig in Fahrt. Ich konnte nicht anders als mit zu wippen und mit den Fingern zu schnippen.

„Flaschen!" riet ich. „Offene Flaschen, sehr große, vielleicht."

„Nicht schlecht, Angel! Du kannst schlecht sehen, nicht wahr?" rief einer der Musiker.

„Allerdings", lächelte ich zu ihm hinunter.

Abrupt brach die Show ab.

„Es sind Abflussrohre!"

„Darf ich mal anfassen?" fragte ich in Richtung des Musikers.

„Klar!" kam es von unten zu mir hoch.

Ich kniete mich nieder und ließ meine Finger über das Instrument gleiten. Tatsächlich Rohre aus Plastik, z. T. über zehn Zentimeter im Durchmesser. Ineinander verknotet, unterschiedlich lang und dick. Die Öffnungen allerdings versammelten sich alle oben in einer Ebene.

„Aber wie bekommt ihr die Töne heraus?"

„Ihr? Ich bin alleine, Angel. Mit diesem Schläger hier."

Ich streckte meine Hand aus, und er überreichte mir eine Art Tennisschläger, der mit Stoff überzogen war und dessen Handgriff abgeklappt werden konnte.

„Schlag ihn drauf, Angel."

Ich nahm mit der Linken Maß und hieb auf die Rohröffnungen. Da waren die dumpfen Töne, die nach innen verschwanden.

„Du spielst es super stark, dein Tubularphone."

„Tubularphone?" Er lachte.

Wir tauschten unsere Namen und Adressen aus, Ben erzählte, dass ich Cellistin bin, und dann spielte er für mich noch ein wildes Stück, bei dem man wirklich annehmen musste, es wären mindestens zwei Spieler. Natürlich belohnten wir ihn mit ein paar Euros.

Für mich war eine neue Idee geboren: ich stiftete Ben dazu an, mit mir Straßenmusiker zu suchen, sowohl solche, die klassische Instrumente spielten wie ich, als auch originelle, die Topfdeckelperkussion machten und eine dufte Stimmung damit verbreiteten. Mit allen sprach ich über ihre Musik, warum sie gerade ihren Stil spielten, probierte ihre Instrumente aus. Wir hatten viel Spaß mit ihnen.

Vergangene Woche kam Ben zu mir hoch und brachte ein neues Handy mit. Ich selbst hatte bislang nur ein Nottelefon, mit dem ich meine Mutter anrufen konnte, wenn ich mich mal verirrt hatte. Hatte es nie benutzt, denn wohin hätte ich mich schon alleine gewagt?

Bens Handy ist in der Lage, ihm den Weg zu einem Ziel aufzuzeigen, was meines nicht kann. Sofort planten wir einen Ausflug. Ich wünschte mir das Aquarium der Stadt als Ziel.

Ich liebe das Aquarium, weil es dort ruhig ist. In einem der Becken kann man Fische streicheln. Das mache ich gern, weil ich glaube, dass sie dadurch ihre Gefangenschaft besser ertragen können. Fische sind meine Freunde, wie Vögel übrigens auch. Sie schwimmen im Wasser während Vögel in der Luft gleiten. Ich fühle die Wasserbewegung, wenn die Fische zu meiner Hand geschwommen kommen. Genauso höre ich mit meinen Ohren das Rauschen und Flattern der Vögel, wenn sie vorbei fliegen. Fische und Vögel lieben wie ich die blauen Elemente.

Außerdem mag ich es, wenn Kinder erzählen, was sie durch die Scheiben beobachten. Es kommt Dir vielleicht komisch vor, dass mich das interessiert. Aber es begeistert mich so, dass es mich richtig mitreißt. Noch mehr, wenn sie bemerken, dass ich nichts sehe. Dann bemühen sie sich, mir die Fische in allen Formen und Farben zu schildern. Während ich mir die Formen in meinen Händen vorstellen kann, sammele ich alle Informationen über die Farben und merke sie mir. Eines Tages werde ich auch sie verstehen. Dann werde ich die Fische im Aquarium sehen können. Wart´s ab!

Gut. Ich schweife ab; kennst du ja schon.

Bens App jedenfalls taugte nicht viel: wir sollten 15 Kilometer zu Fuß an irgendwelchen Straßen entlang laufen, an den U-Bahnen vorbei. Wer macht denn so etwas? Das ist natürlich Quatsch in der Stadt. Wofür gibt es die denn sonst, die Öffis?

Ben fand daraufhin eine andere App, mit der man die öffentlichen Verkehrsmittel anzeigen lassen konnte, mit denen man zu seinem Ziel gelangte. Klang zwar gut, war aber programmiert mit Auswahlmenüs und ohne Sprachfunktion. Das war's für mich. Ist nicht so leicht, allein aus dem Turm rauszukommen, das sage ich Dir.

Zum gegenwärtigen Zeitpunkt plane ich deshalb, die Stadt anders kennen zu lernen. Habe das auch in der Schule angesprochen. Da fällt mir ein: habe ich schon erzählt, dass wir im Februar einen Antrag gestellt haben, dass ich von der Blindenschule in Bens Gymnasium versetzt werde? Ich muss mich dann zwar ziemlich anstrengen, doch mit den zur Verfügung stehenden Hilfen müsste das klappen. Das wäre so superstark, dass wir es kaum erwarten können. Ben und ich. Vom nächsten Schuljahr an wäre es dann schon so weit. Ist das aufregend!!!

In meiner Schule habe ich also den Stadtplan angesprochen. Weil Berlin aus vielen Dörfern entstanden ist, haben wir einen Plan auf einem Tisch ausgelegt und die Rathäuser der Stadtteile und markante Punkte mit kleinen Modellen und Figuren markiert. So lernt man schnell, wo die Stadteile liegen und wie sie in Bezug zu unserem Turm verteilt sind. Dann haben wir die U-Bahn und S-Bahnlinien mit Fäden aus unterschiedlichem Material durch die Stadtteile gespannt und bekommen so durch die Schnittpunkte ein Gefühl für Umsteigeorte. Kann echt jedes Kind lernen, sich auf diese Weise zu orientieren.

Weil ich solch ein Modell jetzt auch zuhause habe, verbinde ich manchmal Ben die Augen und spiele gegen ihn: wie kommt man von wo nach wo in welcher Zeit? Er schlägt sich nicht schlecht. Manchmal aber habe ich ihn dringend im Verdacht, dass er mich absichtlich gewinnen lässt... Er ist eben super lieb und wäre er nicht Ben, würde ich mir das nicht gefallen lassen. Man hat doch seinen Stolz!

Wie war ich darauf gekommen, Dir das alles zu erzählen?

Ach ja, die U-Bahn.

Eine U-Bahn-Station ist wie ein fettes Labyrinth, voller Winkel, Treppen hoch, Treppen runter, Rolltreppen, Ausgänge rechts und links. In den meisten U-Bahnstationen sind für blinde Menschen besondere, geriffelte Steine auf dem Boden angebracht. So weit, so gut. Man kann denen auch gut mit dem Stock folgen. Ich habe jetzt einen faltbaren Langstock mit einer rollenden Kugel an der Spitze. Der ist echt praktisch und bleibt nicht so oft hängen wie die alten Modelle. Man kann auch an der Vibration des Stockes die Riffel im Bodenbelag erkennen. Aber wie finde ich beim Umsteigen den Weg zur nächsten U-Bahn? Das sagen mir die Riffel nicht! Für die Sehenden sind Schilder angebracht, denen sie folgen können. Mir und meinesgleichen nutzen die gar nicht. Das Umsteigen ist echt der Horror! Für jede Station muss man die Wege auswendig lernen. Und eine noch so gute App bringt hier nichts, weil man meist keinen Empfang hat dort unten. Tut was, ihr Programmierer dieser Welt!

Das Letzte, was ich will, ist herum zu maulen. Aber ich behaupte mal, ein bisschen mehr Orientierung würde allen gut tun. An einer Station, an der ich mich gut auskenne, habe ich einmal eine alte Dame hinausbegleitet, die sich verlaufen hatte. Die war mir sehr dankbar und sagte ,Auf Wiedersehen'. Schön wär´s.

Ich lerne die Orientierung nicht nur mit Ben, sondern auch mit zwei Freundinnen aus der Schule. Wir kichern jedes Mal wie die wilden Hühner, wenn wir stecken bleiben und Ben uns retten muss. Wie schön es ist, ihn dann an der Hand zu spüren und sich einfach hinaus lotsen zu lassen. Laura, eines der Hühner, fragte letztens, ob sie nicht seine andere Hand nehmen könne. ,Untersteh dich!' habe ich ihr geantwortet. ,Der gehört mir. Mir ganz allein!'

Tatsächlich haben meine Freundinnen Ben inzwischen akzeptiert. Sie spüren, wie wir miteinander umgehen. ,Er bewundert dich, Belinda. Das hört man,' meinte Laura. ,Ich beneide dich.' Ich freue mich sehr, wenn sie so was sagt, bin aber gleichzeitig traurig für sie, weil sie niemanden hat außer uns Freundinnen. Nicht jede kann Cello spielen oder Laufen, falls Ben das an mir bewundern sollte.

Ein echtes Problem ist es nach wie vor, mich für Ben schön zu machen. Klar, dass wir das unter uns Ladies ausdiskutiert haben. Nach allem, was man hört, gehören wieder Farben dazu: Kajal, Lidschatten, Wimperntusche für die Augen. Tja. Man muss aber jemanden haben, auf den man sich verlassen kann, die richtige Kombination aus dem riesigen Kaufhausangebot heraus zu suchen. Es heißt, wenn die Kombination falsch ist, erreicht man das Gegenteil. Meine Mutter erklärte sich bereit, mir zu helfen. Doch Ben sagte, er wolle mich sehen, wie ich bin. Schöner ginge nicht. ,Bloß nicht bemalen,‘ sagte er. Braver Ben. Aus der Nummer bin ich also glücklicherweise raus. Aber für die Lippen gibt es diese duftenden Balsame und Glosse. Kokos, Vanille, Erdbeere. Honig wird er nicht widerstehen.

Bleibt noch das Klamottenproblem. Bislang war ich immer mit meiner Mutter losgezogen, sie hatte mir Vorschläge gemacht und ich hatte sie akzeptiert. Aber kann das so weitergehen? Ich glaube, man muss schon mal hören, was andere so zu den Sachen sagen, die man trägt. Man will ja kein bunter Hund sein, wie Du vielleicht sagen würdest. Und keinesfalls altmodisch oder spießig!

Übrigens – wenn Du es nicht weitersagst: ich habe

meine Mutter gefragt, wie sie das Aussehen von Ben findet. Findest Du das blöd? Spielt ja eigentlich keine Rolle für mich… Aber mit einem Zombie würdest Du auch nicht rumlaufen wollen, verstehst Du ja wohl. Jedenfalls sagte sie nur: ‚Süß.‘ Das hat mir super gut gefallen. Süß. So schmeckt er auch. Habe ich ein Glück.

Klamotten! Für mich geht es vor allem darum, dass ich mich in ihnen wohl fühle. Ich mag es, wenn alles locker am Körper ist. Wenn es schlabbert und im Wind weht. Am liebsten habe ich es, wenn die Stoffe weich sind, egal ob sie seidig oder wollig sind. Wenn ich aber solche Sachen aussuche, höre ich immer wieder, dies und das passe nicht zusammen: die Farben würden sich beißen oder stünden mir nicht. Zum Beispiel Grasgrün passe nicht zu meinem Teint. Häh? Es scheint, ich lebe tatsächlich in einer anderen Welt! Lass Dir eines gesagt sein: solange ich Ben noch nicht kannte, habe ich einen Feuchten darauf gegeben, was andere sagten. Jetzt erkenne ich an, dass Farben wichtig sind für ihn; Farben bestimmen mit, ob ich ihm gefalle.

„Quatsch,“ sagt Ben.

Damit macht er es mir leider nicht leichter, weil ich schon glaube, dass etwas dran ist an der Geschichte.

„Welches sind deine Lieblingsfarben, Ben?“

„Braun, Schwarz, Rot.“

„Warum?"

„Schwarz sind deine Haare, Belinda; braun sind deine Augen und deine Haut und rot deine Lippen…" Er ist immer super auf den Punkt, stimmt´s?

Ich muss immer über ihn schmunzeln und - verdammtnocheins, ich weiß nicht, wie das geht - doch bei allem, was er sagt, verliebe ich mich noch ein bisschen mehr in ihn. Wenn ich bedenke, dass er stotterte, als er mich das erste Mal ansprach!

„Welche Farbe hat dieser Rock, Ben?" Er ist tatsächlich mit mir unterwegs. Mein Vater hat mir seine Kreditkarte überlassen, um mich neu einzukleiden.

Der Rock dürfte fast bis zu meinen Knien reichen. Der Stoff fühlt sich sagenhaft weich an und er wird mich umschmeicheln, so, wie ich es liebe.

„Perfekt. Dunkelbraun. Etwas dunkler, als deine Haut." Ben klingt tatsächlich zufrieden. Seine Stimme kann mir nichts vorspielen. Ich verschwinde in der Umkleidekabine und ziehe den Rock an. Passt tadellos. Als ich hinaustrete, um mich Ben zu zeigen, bemerke ich Verblüffung in seiner Stimme.

„Wow! Du haust mich um, ehrlich." Das freut mich so unglaublich, dass ich zu ihm gehe und ihm über den Kopf streiche. Mir gelingt ein super leichter Kuss auf seine Wange. Ich spüre sein Lächeln.

„Los!" treibt mich Ben an. „Wir suchen dir einen

kastigen Pulli; die sind gerade in. und weiche Leder-
stiefel." Seine Begeisterung ist spürbar und ich lasse
mich gern darauf ein. ‚Man muss mit jemandem einkaufen gehen, dem man blind vertraut,' denke ich aus
Versehen und muss in mich hinein grinsen.

„Wenn du mir etwas vormachst, mein Freund, werde
ich zum Gespött der Leute! Tu das also nicht!"

„So aber werden sich alle, die glauben, sehen zu
können, nach dir umdrehen, Belinda. Ich werde jedes
Mal, wenn es geschieht, mit der Zunge schnalzen,
abgemacht?"

„Abgemacht."

Farben

Der Frühling ist vielleicht die schönste Jahreszeit. Die Sonne wärmt das Gesicht. Sie befreit die Arme, dann die Beine. Schals verschwinden und die eisigen Winde sind lauen gewichen, in denen unsere Tücher wehen. Wir rekeln uns auf einer Decke im Park vor dem Turm und lassen uns bescheinen. Noch fühlt man die Kälte des Winters von unten. Schon hört man die ersten Insekten brummen und summen. Meisen piepsen herum und die erste Drossel singt von irgendwo oben herab. Wir haben viel Natur in der Stadt. Vieles von dem, was Ben aus seinem und ich aus meinem Dorf von früher her kennen. Wir sind vertraut mit allem, was hier greifbar wird und Ben beschreibt mir Form und Farbe alles Lebendigen, das uns umgibt. An den Zweigen der Bäume fühlt man die Knospen quellen, bereit aufzuspringen, auszuschlagen, Blätter auszuschütten auf ein geheimes Zeichen hin. Wir erzählen uns Erlebnisse aus der alten Heimat und nehmen den anderen hinein in unsere Geschichte, die so zu einer gemeinsamen wird. Hand in Hand belegt das.

„Welche Farbe hat die Sonne für dich, mein Benni?" Ich richte mein Gesicht in die Richtung der größten Wärme.

„Schau nicht hinein! Sie verbrennt die Augen!"

„Meinst du?"

„Ach, Belinda... Aber du solltest es nicht tun. Die Sonne vermag alles zu versengen. Ich will nicht, dass dir was passiert."

„Du bist lieb, Benni. Welche Farbe also?" Ich schließe meine Augen.

„Gelb." „Gelb? Zitronen sind gelb, Bananen sind gelb, Rosen können gelb sein, ein Rock, den ich habe, ist gelb... Haben alle diese Dinge die Farbe der Sonne?"

„Nein, alle sind sehr unterschiedlich gelb. Das Gelb der Sonne verändert sich oft: es kann fast weiß sein, aber auch golden. Manchmal geht es in Rot über. Hängt vom Wetter und von der Tageszeit ab..."

„Das ist mir zu kompliziert, hörst du? Ich will dir sagen, was ich gelb nennen werde: Wärme von außen. Wärme im Inneren ist rot. Ich glaube, du bist gelb wie die Sonne, Ben!" Ich lache laut heraus, weil ich endlich die Farbe Gelb empfinde und sie Bens Farbe sein dürfte.

„Ich soll gelb sein?" Ben spielt den Entrüsteten.

„Aber ja! In deiner Nähe strahlt so viel Wärme auf mich aus, wie das heute bei der Sonne geschieht. Du bist meine Wärme von außen. So ist das." Ich bin sehr zufrieden.

„Ich weigere mich, nur gelb zu sein, du blinde Philosophin! Wir sind beide orange!"

„Orange?"

„Wenn man gelb und rot mischt, entsteht orange. Wenn also unsere Ausstrahlung gelb ist und im anderen Rot erzeugt, sind wir beide orange. Ist doch klar..."

„Dieses Orange muss eine superschöne Farbe sein, so wie sie sich anfühlt..."

Während wir uns von der Sonne weiter bescheinen lassen, komme ich auf eine Idee.

„Benni? Glaubst du, die Farben selbst sind wichtig für dich oder nicht vielmehr die Wirkung, die sie auf dich haben?"

„Häh?"

„Die Farben scheinen doch einfach nur Eigenschaften von Dingen oder Gegenständen zu sein. Soviel ich schon gelernt habe, können Farben gleich sein, aber die Wirkung völlig unterschiedlich: Rot kann höchste Erregung bewirken und gleichzeitig erschrecken und einschüchtern. Auch Bayern München hat bei uns in Rot gespielt und gewonnen. Es kommt auf die Wirkung an!

In mir werden alle Wirkungen, die bei dir durch Farben ausgelöst werden, durch andere Reize hervorgerufen: du erfreust dich an der Veränderung der grünen Farbe der Blätter wenn sich Pflanzen entwickeln. Natürlich erfreue ich mich an der Entwicklung der

Pflanzen ebenso wie du! Ich aber spüre die Größenzunahme der Blätter, bemerke, dass ihre Ränder rau werden, Brennhaare hervortreten und vieles mehr. Die Reife der Tomaten erlebe ich durch die Veränderung der Härte ihrer Oberfläche und durch ihren Geruch, du durch die Zunahme der roten Farbe. Keine Wirkung entgeht mir! Auch die Vorfreude nicht!"

„Und worin, Philosophin, bestehen die Wirkungen?" „Ich nehme mal an, in allen Gefühlen?"

„Angst, Ärger, Mitleid, Eifersucht, Furcht? Freude, Liebe?"

„Sag du es mir, Ben. Sicher gibt es noch einige mehr, wenn wir länger überlegen würden. Ob Farben alle diese Gefühle auslösen können, weiß ich natürlich nicht..."

Was ich an Ben so toll finde, ist, dass er erst überlegt, bevor er spricht.

„Bei Eifersucht bin ich mir sicher, dass das nicht klappt; auch bei Liebe nicht. Da ist der Grund schon eher das Verhalten des anderen..."

„Aha? Konnte ich mich deshalb blind in dich verlieben?" Ich gluckse vor mich hin und Ben stimmt ein.

„Glücklicherweise! Vielleicht hätte dich mein Gelb sonst abgeschreckt!"

Gut. So einfach ist es also nicht. Merke ich.

„Halten wir also nur fest: wann immer du durch eine Farbe bewegt wirst, kann ich durch andere Reize ebenso bewegt werden."

Da flüstert dieser unfassbare, unglaubliche Benni mir ins Ohr: „Wie ich dich innerlich aber so bewegen soll, wie dein Anblick es mit mir macht, ist mir noch schleierhaft..."

„Du bist auf dem richtigen Weg, du unverschämter Ben. Komm mit deinen Lippen nur noch näher an mein Ohr..." Er tut´s. Wow. Mein Orange geht in Rot über, ich schwör´s.

„Unsere Gefühle liegen tiefer im Körper als das Licht mit seinen Farben durch die Augen eindringen kann. So viel ist sicher. So um das Herz herum, schätze ich mal. Deshalb braucht man auch keine Augen, um sie zu empfinden. Wohl aber ein Herz. Von dort aus strahlen sie in jeden Winkel des Körpers", denke ich laut und weiß, dass Ben zuhört.

„Ein Wunder ist es ja eigentlich nicht, dass es so ist", fahre ich fort. „Schließlich bestehen alle Lebewesen, so auch wir Menschen, aus den gleichen Elementen..."

„Oje; aus Elementen?" stöhnt mein Ben. „Es ist etwas anstrengend mit dir, ehrlich, Belinda Luz do Céu. Können wir nicht einfach mal in genau diesen Himmel schauen?"

„Das *ist* mein Himmel, sehender Ben!"

„Also los: Elemente..."

„Du bist lieb. Ich muss es loswerden, und du musst mir widersprechen, wenn es für dich nicht nachvollziehbar ist, was ich sage, hörst du?" Ich wende mich zu ihm hinüber.

„Ok." Ben lauscht.

„Ich habe ja keine Vorstellung von den Farben, außer durch Situationen, in denen Farben aus deiner Welt mit Gefühlen in meiner Welt parallel laufen. Deshalb sind meine Farben durch meine Gefühle definiert und stimmen nur in etwa mit deinem Farbempfinden überein. Klar ahne ich, dass du nicht gelb bist. Außer für mich."

„Also?"

„Nach meiner Beobachtung ist allen Wesen ein Element eigen, das ihnen erlaubt, innere Wärme zu empfinden, Liebe und Lust; dieses Element nenne ich rotes Feuer.

Sein Gegenspieler ist mein blaues Element, das Wasser und die Luft, die mich umgibt. Es erlaubt uns kühle Überlegung und sinnvolles Handeln, aber auch tiefstes inneres Empfinden.

Die Luft, die ich ausatme, will ich ab jetzt mein gelbes Element nennen. Es verlässt uns als Atem und als Wort. Die Luft verschafft uns die Fähigkeit, Gedanken fliegen zu lassen und durch unsere Worte und Absichten Wärme nach außen zu strahlen, um Gemeinsamkeit mitzuteilen.

Die vierte Farbe ahne ich hier im Park, hier im Frühjahr, hier mit dir auf der Decke und kann sie gerade jetzt fühlen: das Grün, in dem das Zusammenwirken von gelber Wärme und blauer Kühle sich zu meinem grünen Element der Erde vereinigt. Alles, was aus ihr wächst, ist grün. Grün ist Veränderung. Ich fühle die unbändige Entwicklung, die aus der Erde kommt..."

„Mischt man das rote Element hinzu, so entsteht ihr Braun und verkörpert Unbeirrbarkeit durch Stärke und Geduld", unterbricht mich Ben. „Du selbst bist braun, sanfte Kämpferin..." höre ich leise die vertraute Stimme an meinem Ohr.

‚Unbeirrbarkeit und Geduld: das Braun, das die Farbe meiner Haut ist.' Unvermittelt und machtvoll empfinde ich plötzlich die Farbe meiner Haut und rufe unversehens aus: „Ich bin braun!"

„Ja, Belinda. Das bist du. Doch kein Braun der Erde kann so viel Stärke ausstrahlen wie du."

Wir liegen wieder nebeneinander. Seine Hand würde ich natürlich um keinen Preis loslassen. Ich halte mein Gesicht in die Sonne und frage mich, wie wohl ein Gemälde von Sehenden empfunden wird. Soviel ich verstanden habe, bildet man alle Formen und Farben der Umgebung auf einer Leinwand ab. Nochmal: einen Würfel, den ich in der Hand habe, der eindeutig drei Dimensionen hat, den bildet der Maler in zwei Dimensionen ab. Ich höre, dass die Sehenden den Eindruck der dritten Dimension vom Bild entnehmen können. Das checke ich nicht! Ich krieg's nicht in den Schädel, wie das gehen soll! Sei es drum: ich stelle mir also einen dreidimensionalen Würfel zweidimensional vor: er verschwindet dann bis auf seine Konturen! Platt ist er! Eine Vorstellung von diesem Würfel mit all seiner Tiefe auf dieser Leinwand kann ich mir nicht machen. Geht nicht. Ob ich will oder nicht.

Ok. Zu den Farben.

Farben sind für mich Gefühle, wie gesagt. Wenn ich also mit meinen Fingern über ein Farbgemälde fahre und es untersuche, spüre ich Farben nicht. Wenn man mir sagt von hier bis dort könnte man diese und jene Farben sehen: das entstehende Gewirr von Gefühlen macht es nicht nachvollziehbar, was dort abgebildet sein mag...

„Ben! Ist ein Farbgemälde, vor dem man steht, für die Sehenden abhängig von der Stimmung, die sie in dem Augenblick hast? Sind Stimmungen in der Lage, es zu überfärben? So ungefähr muss es sein, Ich stelle mir jetzt ein farbiges Bild wie ein Klanggemälde vor auch wenn es nur in etwa vergleichbar sein sollte."

„Ich glaube schon, Belinda. Man sagt, das Gemälde eines Malers entstünde in jedem Betrachter neu, so wie es auch mit deiner Musik sein könnte. Und wenn mir ein Miesepeter im Park begegnet, kann er mir unter Umständen die Stimmung so versauen, dass die Farben, die mich umgeben, ihre Bedeutung verlieren. Mit deiner Vermutung liegst du richtig."

Ich schweige noch eine Sekunde bis ich mich entschließe: „Hör zu, Benni: an dieser Stelle beende ich
mein Nachdenken über Farben. Die wenigen, die ich
mit meinen Gefühlen in Zusammenhang bringen
kann, habe ich für mich definiert. Farbtöne mögen ein
vielgestaltiges und bewegendes Bild für dich entstehen lassen. Doch für mich sind sie beim besten Willen
nicht nachvollziehbar. Die Farbgemälde, die ich nachzeichnen würde, wären in deinen Augen grob. Aber
ich will dir zeigen, dass Klanggemälde so vielfältig
sein können wie Farbgemälde."

Da nimmt mich mein unglaublicher Ben in den Arm
und nähert sich mit seinen Lippen den meinen an. Er
ist meinen Lippen jetzt so nahe, dass ich seinen Atem
spüren und schmecken kann. Die Zeit bleibt in diesem
Moment stehen. In mir baut sich eine Spannung auf,
die kaum auszuhalten ist. Ich kann es kaum erwarten,
seine Lippen auf meinen zu spüren.

Ein sanftes Suchen: unsere Lippen verirren sich,
spüren die Spitze der Nase, ihre Flügel und unsere
weichen Wangen.

Unser Duft weist den Weg: Duft der Haare, der Haut
und des Atems. Meine Lippen tupfen in die kleine
Vertiefung in seiner Oberlippe, erspüren die feinen
Bögen von ihrem höchsten Punkt aus und folgen ihnen spielend hinab bis in die köstlichen Winkel, erst
links, dann rechts.

Seine Unterlippe verrät Ungeduld, die ihre Innenseite nach vorne drängt und liebkost werden will. Der Mund erlaubt nicht nur, von meinen Lippen verschlossen zu werden, sondern bereitet eine Atemlosigkeit, die die Anziehung von Brust an Brust noch verstärkt.

Unsere Zungenspitzen nehmen zarten Kontakt auf und treiben das Spiel voran. Sie spüren der Ahnung von Salz und Süße tief und tiefer nach und verstärken sie noch.

Unsere Zungen umschlingen sich, lernen sich von allen Seiten kennen, verweilen streichelnd und immer mehr fordernd so lange wie es beiden gefällt. So lange es beiden gefällt. So lange es beiden gefällt.

Wir werden uns beide des anderen wieder bewusst. Wir kehren wieder auf den Rasen in den Park zurück. Wir lassen Geräusche wieder zu. Schöpfen tief Atem und finden die Worte wieder.

Beide haben wir uns tief rot gefärbt.

„Ich glaube, Rot wird meine Lieblingsfarbe...“

„Meine auch, Belinda. Meine auch... Wow!“

„Ich werde jetzt für dich spielen, Ben!“

Schon habe ich Cella, die ich mit in den Park gebracht habe, zur Hand genommen, um für Ben zu spielen – um vielleicht Ben zu spielen, den Inbegriff des grün Zärtlichen, gelb Strahlenden und glutrot Liebenden!

Ich suche mir eine Parkbank und stimme die Saiten. Der Klang des Instrumentes ist hier draußen völlig anders. Schon bald nachdem ich begonnen habe zu spielen, begeistert es mich, alle Geräusche, alle Eindrücke aus der Umgebung, alle Gefühle aus meinem Inneren mit in Cellas Spiel einzubeziehen, um meinem Ben, der dicht neben mir auf der Parkbank sitzt, alles mitzuteilen, was ich hier an diesem ersten, schönen Frühlingstag für ihn empfinde. Mein Herz und mit ihm Cella strömt über vor Freude am Leben, das ich hier mit ihm gemeinsam leben darf.

Etwas verlegen nehme ich mich zurück, als ich bemerke, dass Schritte von Passanten verharren und sie offensichtlich stehen bleiben, um mir zuzuhören. Als ich Cella ausklingen lasse, klatschen die Zuhörer, murmeln freundlich zustimmend und entfernen.

„Belinda", flüstert mir Ben ins Ohr, „Ich sehe Farben, die uns umgeben, und fühle mich arm dabei, weil du Farben beschreibst, die in dir sind. Du erscheinst mir so viel reicher. Wenn ich die Augen schließe und das Herz öffne, ahne ich, wie du sehen magst."

Ich weiß nichts darauf zu antworten. Doch auch ich meinerseits weiß, wie sich Bens Sehen anfühlt, wenn er die Augen schließt.

Dunkel

Wir liegen wieder in der Sonne und genießen den Frühling. Doch ich will noch mehr erleben an diesem Tag. Da habe ich eine zündende Idee: „Wetten, dass ich allein zur Lessinghöhe hin finde? Wir könnten uns am Eingang Bornsdorfer Straße treffen! Wollen wir? Mach schon! Sag ja!" Ich will ihn mitreißen: heute ist meine Mutter über Nacht nicht zuhause, weil sie zu Besuch zu Verwandten gefahren ist. So kann sie mir bei Sonderaktionen nicht dazwischenfunken und ich habe sturmfreie Bude.

„Aber dorthin sind wir doch noch nie gemeinsam gefahren. Was, wenn du dich verläufst?"

„Erstens ist es ganz einfach: zwei Stationen mit der U7, nach Süden raus aus der Station, erste rechts, am Straßenende Straße überqueren, links ca. 100 Meter bis zum Eingang auf der rechten Seite. Gruß und Kuss, Ben. Du siehst, ich bin gut vorbereitet. Und wenn ich mich doch verlaufen sollte, dann rufe ich dich an und du rettest mich. Auch ein Kuss. Mach schon! Sag ja!"

Zögerlich willigt Ben ein: „Nur unter einer Bedingung: du nimmst mein Handy mit und ich programmiere es auf unseren Treffpunkt. Ich nehme dein altes an mich."

„Ok!"

Ich springe schnell nach oben, bringe Cella in mein Zimmer und bin nach kurzer Zeit schon wieder unten.

„Gib mir zehn Minuten Vorsprung, ja? Aber nicht heimlich hinter mir herlaufen, Ben. Versprichst du mir das?"

„Verrückte. Aber, na gut, du willst es ja so. Warte wirklich am Treffpunkt, hörst du?"

„Claro, mein Orientador." Ich fühle mich heute so leicht, dass alles gelingen wird.

Wenn ich gewusst hätte, was mir danach passiert, wäre ich dann los gegangen? Oder hätte ich es bleiben lassen? Ich sollte durch die Hölle ins Paradies gelangen. Jetzt, da ich allein in meinem Bett liege und wieder und wieder alles durchlebe, kann ich das so bewerten. Doch der Reihe nach.

Die Bornsdorfer Straße liegt auch in Neukölln, also gar nicht weit von hier. Man geht zur U-Bahn Lipschitzallee und fährt zwei Stationen bis Karl-Marx-Straße. Mein Plan war, mich zum Ausgang der U-Bahn-Station anhand der Markierungen auf dem Boden zu orientieren und dann den kurzen Weg zum Treffpunkt zu Fuß zu gehen. Eigentlich ganz leicht.

Zunächst klappte alles wie geplant. Dachte ich. Ich ging, meinte ich, gegen die Fahrtrichtung zum Ausgang und die Treppen nach oben. Dort angekommen, hörte ich den Verkehr auf der erwarteten linken Seite.

106

Aber so sorgsam ich mich auch mit meinem Stock vortastete, es kam keine rechts einbiegende Straße nach den berechneten 50 Metern. Aber ich war doch gegen die Fahrtrichtung gelaufen? Wo war Süden, verdammt?

Cool bleiben.

Ich beschloss, die Straße zu überqueren in der Annahme, ich sei doch fälschlicherweise nach Norden gelaufen. Dann müsste ich unmittelbar auf die Kienitzer Straße treffen, wenn ich mich noch etwas rechts hielt.

Bingo. Nur ein kleiner Umweg also, Belinda, Situation gerettet.

Nächste links musste die Bornstorfer Straße sein. Tatsächlich tauchte sie bald auf, ich überquerte sie, um den Eingang zur Lessinghöhe rechts zu haben. Weil ich mich aber etwas verspäten würde, beschloss ich, Ben zu informieren, und holte sein Handy aus meiner Tasche. Er fragte, wo ich denn genau sei. Weil ich gerade in diesem Moment Schritte hinter mir hörte, drehte ich mich zu den Passanten um und fragte sie, ob sie mir die Hausnummer sagen könnten.

‚Klar, können wir...' sagte eine raue, junge Männerstimme zu mir, die ich nie vergessen werde, weil sie lauernd hinzufügte ‚...Opfer.' Zwei weitere Männerstimmen lachten, eine davon prustend.

‚Gib mal dein Handy, Opfer. Ich sage die Nachricht

durch.'

Mein Atem stockte, sodass ich nichts sagen konnte.

‚Kannst du auch nichts hören, Blindfisch? Tu, was er sagt!' Die zweite Stimme klang böse.

Ich hatte meine Hand mit dem Handy sinken lassen und hörte nur noch Ben schreien, ich solle ihnen das Handy geben! Doch war ich zu nichts fähig in diesem Moment. Ich stand da, sekundenlang, und wartete und wartete.

‚Ich hab dir was gesagt, Schlampe!'

Eine vierte Stimme mischte sich jetzt ein: ‚Lasst sie in Ruhe, hört ihr? Das ist nicht cool, Mann; lasst uns abhauen!'

‚Halt's Maul, Türke. Kannst dich ja verpissen.' Die erste Stimme drohte der vierten.

Dann erlebte ich meinen Albtraum: der dritte Mann schubste mich von hinten so unvermittelt, dass ich, nach Halt suchend, meinen Stock fallen lassen musste. Ich stürzte fast in die Arme eines der anderen Männer, doch der schlug mir so vor die Brust, dass ich zum nächsten hinüber taumelte. Während die Männerstimmen begannen zu lachen, warfen sie mich hin und her, wie man es nur mit einem Medizinball machen würde. Ich fand meine Stimme wieder und schrie meine Angst hinaus. Ich schrie und schrie, hielt mir die Hände vor das Gesicht, weil ich wusste, dass ich stürzen würde. Das Handy flog auf die Straße, einer der Männer versuchte offenbar, es aufzufangen. Denn in die Lücke, die er damit riss, stürzte ich hinein und knallte erst mit den Knien, dann mit dem rechten Ellenbogen auf das Kopfsteinpflaster. Ich kugelte weiter, bis ich mit dem Gesicht nach unten liegen blieb. Immer noch schrie ich, als mir einer von ihnen, der Stimme nach der erste Mann, mit dem Fuß in die Seite trat und ärgerlich rief: ‚Halt's Maul, Opfer! Hättest hören sollen!'

In diesem Moment hörte ich eine Frauenstimme von jenseits der Straße: ‚Matze, du Sauhund, lass sofort das Mädchen in Ruhe! Gregori, du Mistkerl, Snoop und Ahmed, ich kenne euch alle! Ahmed! Von dir hätte ich das nicht erwartet! Macht, dass ihr euch verpisst! Das wird ein Nachspiel haben!'

Ich wimmerte nur noch, als ich bemerkte, dass sie sich zum Gehen wendeten und davon trabten.

Vanella kam zu mir herüber und legte mir die Hand auf die Schulter. ‚Beruhige dich; sie sind weg. Steh auf, komm.' Sie griff mir unter den Arm und wollte mir aufhelfen. ‚Du bist blind?' fragte sie, als ich nach meinem Stock suchte. ‚Diese Scheißkerle.'

Langsam hatte ich mich beruhigt und befühlte meine Knie. Die Hose war hin, aber sonst war nichts Ernsteres passiert. Das Handy war weg. Bens Handy. Ben. Handy.

‚Kannst du bitte meinen Freund anrufen, Vanella? Der macht sich Sorgen und weiß nicht, wo ich bin.'
‚Klar; Nummer?'

Ben war völlig aufgelöst am Telefon und konnte nur schwer beruhigt werden. Vanella sagte ihm die Hausnummer und fügte hinzu: ‚Wir sind gegenüber vom Nachbarschaftsgarten in der Bornstorfer Straße. Du wirst uns leicht finden.'

Vanella gab mir meinen Stock zurück und erklärte mir gerade, von wo ich gekommen war und wo die U-Bahn läge, da hörten wir bereits Ben im Laufschritt herbei eilen.

‚Belinda, Belinda!' hörte ich ihn schon von weitem rufen. ‚Was ist geschehen? Haben sie dir weh getan? Deine Knie!' So hatte ich ihn noch nie erlebt. Er war außer sich und so sehr um mich besorgt. Er kniete vor mir nieder, um meine Knie zu untersuchen. Ich spürte seine Hände, seine Finger meine Knie, meine Beine befühlen. Er schien zu mir empor zu blicken. ‚Tut es weh?' ‚Nee, geht schon...'

Bitte denke nicht schlecht über mich, wenn ich Dir jetzt wahrheitsgetreu weiter berichte: das Gefühl von Bens Händen auf meinen Beinen war so unbeschreiblich, dass ich, ohne zu überlegen, leise hinunter sagte: ‚Weiter oben...'

Tatsächlich stand er auf und legte seine Hand auf meinen Bauch. ‚Tut der weh?'

‚Nee, weiter hinten. Am Rücken...'

‚Hier?'

‚Weiter oben...'

‚Belinda?!'

‚Und im Gesicht...'

Endlich hatte er es verstanden, nahm mich in den Arm und drückte mich so fest an sich, dass ich ihn erstmals von oben bis unten vollkommen an mir spürte. Mein Gott. Er drückte mich so, dass mir der Rücken nun wirklich fast schmerzte.

‚Tschuldigung, Leute,' vernahmen wir Vanella. ‚Ich muss wieder rüber. Ihr kommt ja offenbar allein klar. Kommt morgen wieder vorbei, dann holen wir euch das Handy zurück, ja?'

Alles, was Ben und ich in dieser Nacht noch erlebten, wäre es wert, berichtet zu werden. Jede Kleinigkeit hat sich mir so eingebrannt, dass ich es hier aufschreiben möchte. Trotzdem halte ich mich zurück in dem, was ich Dir mitteile, weil das eine Sache zwischen mir und Ben war. Ich hoffe auf Dein Verständnis. Ich bin mir zudem sicher, dass ich es auch so nie vergessen werde.

Nur eines vielleicht lass mich erzählen. Ich hatte eine Erkenntnis, die mich mit einem unbeschreiblichen Glücksgefühl ausfüllt. Als wir in meine Wohnung eintraten, ins Bad, in mein Zimmer, selbst, als wir auf meinem Bett lagen, brauchten wir kein Licht. Kein Schalter wurde umgelegt, keine Lampe angeknipst. Weder unsere Fingerspitzen noch unsere Lippen mussten sehen können. Und wenn sie sich verirrten, mussten wir nur kichern. Alle Aufregung, jedes Zittern der Haut, jedes Pulsieren des Blutes teilte sich uns bei geschlossenen Augen mit. Wir waren gleichberechtigt, hatten gleiche Möglichkeiten und waren voller gleicher Gefühle. Unser aufgewühltes Blut in uns versprach uns eine gemeinsame Zukunft. Nichts behinderte uns in dieser Nacht, sondern alles bestärkte mich, den eingeschlagenen Weg weiter zu gehen.

Vergessen ist jetzt, da Ben wieder zu seiner Mutter hinunter gegangen ist, alles, was mir Angst machte am vergangenen Nachmittag. Die Kämpferin ist neu geboren in mir und ich schwöre in mein Zimmer hinein mit Vanellas Worten: „Das wird ein Nachspiel haben!"

Nachspiel

So kurz der Rest der Nacht war, so wenig war es mir
möglich zu schlafen. Ich warf mich hin und her, und
war ich etwas abgedriftet, wurde ich wieder gestoßen
und fiel wieder auf die Straße, hörte mich wieder
schreien und spürte wieder den Tritt in die Seite. Wieder und wieder. Wie sollte ich wagen, mich einfach
umzudrehen und mich diesem Albtraum erneut zu
stellen?

Besser war es zu duschen.

Als das Wasser an mir ablief, schwemmte es all die
Schrecken und die Angst mit sich in den Abfluss.

Das Wasser umschmeichelte mich wie sonst auch
immer; aber ich bemerkte plötzlich, wie oberflächlich
und ungenau dieser mein Spiegel war: in Bens Händen hatte ich mich ebenfalls gespiegelt, doch hatte
sich mir das Gefühl dabei viel, viel stärker eingeprägt.
Seine Hände waren so viel zärtlicher gewesen und
doch so viel eindrücklicher. Sie hatten sich Zeit gelas-
sen, wo das Wasser nur rasch vorbeiströmte. Sie hatten meinem Körper überall eine feste Form gegeben,
wo das Wasser mir seine ständige Veränderlichkeit
vorspielte.

Sie hatten meinem Körper jene feste Form gegeben,
wie es sonst nur meine eigenen Hände taten. Aber
während ich sonst meinen Körper in meinen Handflä-

113

chen und Fingerspitzen spüre, erinnert sich jetzt jeder Zentimeter meiner Haut an seine Erhabenheit, seine Tiefe und Struktur. Bens Hände haben ihm seine wirkliche Gestalt gegeben. Er findet sich nicht wieder in meinen Händen als Bild, sondern als Original in sich selbst. Wow. Was für ein unglaubliches Gefühl!

Ich werde mich nur noch in seinen Händen betrachten und spiegeln! Versprochen.

Mein Frühstück verschlinge ich eiligst und laufe hinunter zu Ben, um ihn abzuholen. Ich spüre seine Verlegenheit. Er weiß nicht, was er sagen soll heute Morgen.

„Es war wunderschön gestern Abend, Ben," nehme ich ihm seine Scheu.

„Ja," antwortet er und ich höre, dass er lächelt. Mein Ben.

Beide umschließen wir unsere Hände noch fester und treten aus dem Turm in den neuen Tag hinaus.

Ben bringt mich zur Schule, und wir verabreden uns, nachmittags in den Nachbarschaftsgarten zu gehen und Vanella zu besuchen.

In der Schule bin ich völlig unkonzentriert. Nicht nur, weil ich todmüde bin, sondern auch, weil ich an unserem Plan zweifele, das Handy wirklich zurück zu holen. ‚Nachspiel! Nachspiel!' hämmert es in meinem Kopf. Laura rät mir, den Quatsch besser zu lassen, das

Handy aufzugeben, um sich nicht noch mehr Ärger einzuhandeln. Was können wir schon ausrichten, selbst wenn wir wüssten, wie wir die Typen finden können? Soll ich dann höflich um Rückgabe bitten? Ich, das Opfer? Würde das nicht besonders Ben gefährden? Wenn mein verletzter Stolz und diese Wut im Bauch über die Angst und Ohnmacht in jenen Minuten gestern nicht wären, dann würde ich vielleicht einlenken. Ben sagt nur, wir sollen erst mal abwarten, was Vanella für einen Plan hätte. Die habe schließlich behauptet, sie könne das Handy zurück holen.

Meine Spannung steigt ungeheuer, als wir in die Bornsdorfer einbiegen. Ich lausche in alle Richtungen, ob sich die Stimmen vielleicht wieder nähern, die mich so eingeschüchtert hatten.

Dann haben wir den Garten erreicht.

„Beschreibe ihn mir, Ben!" Manchmal mache ich es mir neuerdings leicht, wenn ich mit ihm unterwegs bin.

„Ok. Der Garten ist Teil von Block 152 hier in Neukölln. Er befindet sich vor uns in einer Baulücke. Wir stehen direkt vor dem Eingang. Links ist er von einer Mauer begrenzt, auf der ich eine Reihe von Graffitis erkennen kann. Vor uns und rechts befindet sich ein Zaun, die hintere Begrenzung kann ich nicht erkennen. Dort stehen Bäume.

Vor uns der Zaun hat eine Pforte, die geöffnet ist. Dort betreten wir den Garten gleich. Am Zaun hängen verschiedene Hinweise, Poster und Zettel. Sie scheinen ihre Pflanzen und Früchte zu tauschen... Auf einem Schild vor uns steht: ‚Willkommen im Großstadtdschungel'. Das ist der Name des Gartens. Ich bin überrascht, dass man nur Beton und gar keinen Boden sieht! Alle Pflanzen wachsen in Töpfen unterschiedlicher Größe. Auf den ersten Blick ist es ein Wirrwarr von Behältern: Kisten, Töpfen, Tüten, Einkaufswagen...“

„Deshalb heißt der Garten tatsächlich Großstadtdschungel!“ Ich höre das freundliche, etwas heisere Lachen Vanellas. „Kommt doch erst mal rein!“

Ich stelle mir einen Dschungel ungeordnet vor: alle Pflanzen wachsen durcheinander, umschlingen sich, streben aber vor allem nach oben. Immer weiter nach oben. Nach dem Licht. Man hört, dass, wer am höchsten klettert oder wächst, am meisten von dem Licht abbekommt und gleichzeitig die anderen beschattet und damit ihrer Ernährungsgrundlage beraubt. Brutale Rücksichtslosigkeit regiert im Dschungel. Nichts für mich, obwohl ich eigentlich kein Licht brauche...

„Hej,“ sagt Vanella. „Wie kannst du denn so etwas annehmen? Hier kommt jeder zu seinem Recht! Dafür sorgen wir alle.“

Tatsächlich finde ich mit Bens Hilfe und meinem Stock recht leicht einen Weg durch die zweifellos zahlreichen Kisten.

„Ich erkläre euch hier alles später, ok? Heute ist keine Zeit, weil wir das Handy ja zurück holen wollen, nicht wahr?" Vanella klingt entschlossen, und ich höre keinen Zwischenton, der uns unsicher machen könnte, dass wir das Richtige tun.

„Und wie?" fragt Ben aber dennoch.

„Die Kerle waren Matze, Snoop und Gregori. Matze, Snoop und Gregori sind Typen, die alle hier im Kiez terrorisieren. An die kommen wir nicht ran. Ahmed ist die Schwachstelle. Sein Großvater Yussuf ist der heimliche Chef hier im Viertel. Wenn der davon hört, dass sich Ahmed da hat hinein ziehen lassen, setzt es 'ne Beule. Darauf können wir uns verlassen. Und du bekommst dein Handy zurück. Wir müssen nur etwas Glück haben und ihn antreffen."

Vanella macht eine Pause.

„Gehen wir?"

„Ok. Weißt du denn, wo er wohnt?"

„Witzig. Hier weiß jeder, wo Yussuf wohnt."

Wir müssen nicht sehr weit laufen bis zu Yussufs Haus. Als wir in das Treppenhaus eintreten, umfängt uns eine feuchte, muffige Luft, in der kalter Rauch steht. Geruch nach Schimmel und Urin.

Die ersten Stufen der Treppe sind aus Stein, die weiteren aus Holz. Die Stufen sind flacher als üblich, und ich muss mich voll konzentrieren. Vanella geht uns voran und wir folgen.

Im zweiten Stock angekommen, sagt Vanella: „Wir sind da."

Ich trete auf etwas Weiches und stolpere fast. Ben raunt mir zu: „Schuhe. Alle scheinen ihre Schuhe auszuziehen, bevor sie eintreten." „Na klar," bestätigt Vanella. „Macht ihr das zuhause nicht?"

Ich höre die Klingel hinter der Tür. Man vernimmt, dass innen jemand zur Tür kommt und sie leise öffnet. „Ja?" fragt eine junge Mädchenstimme.

„Wir möchten zu deinem Großvater, Ayse. Ich bin Vanella vom Großstadtdschungel, das sind Belinda und Ben." „Ich frage ihn." Das Mädchen schließt die Tür und lässt uns im Treppenhaus warten.

Wenige Momente später öffnet sie die Tür wieder und sagt: „Kommt!"

Wir streifen die Schuhe ab und treten in die Wohnung ein. Mich überrascht die angenehme Atmosphäre, die uns hier umfängt: alle Laute sind gedämpft, in einem der hinteren Zimmer hört man das Murmeln von Männerstimmen, Geruch von Tee und Kräutern sind in der Luft.

Ayse öffnet eine Tür und wir folgen ihr in den Raum. Die Männerstimmen verstummen.

Eine tiefe Stimme richtet sich an uns und sagt freundlich: „Setzt euch!"

Stühle gibt es keine, doch finden wir Kissen, auf die wir uns niederlassen können. Ich klappe meinen Stock zusammen.

„Sprecht!" fordert uns die Stimme auf, die ganz offenbar Yussuf gehört.

Vanella ergreift das Wort und schildert den Ablauf des Überfalls in aller Kürze. „...und deshalb möchten wir Sie bitten, uns bei der Wiederbeschaffung des Handys behilflich zu sein."

Alle im Raum schweigen. Viele Momente lang.

„Ahmed!"

„Ja, Großvater?" fragt die Stimme eines der Männer; war es derjenige, der mich von hinten gestoßen hatte?

Herr Yussuf spricht in gebrochenem Deutsch, denn er möchte ganz offenbar von uns verstanden werden.

„Du hast Schande über unsere Familie gebracht, die es zu bereinigen gilt. Verstehst du das?"

„Ja, Großvater." Seine Stimme klingt zerknirscht und ich weiß, dass er die Augen zu Boden gesenkt hat.

„Du bringst das Handy bis morgen in den Groß-stadtdschungel. Wenn du Probleme haben solltest, werden dir deine Brüder helfen. Verstanden?"

„Ja, Großvater."

Wieder schweigen alle mindestens eine lange Minu-te.

Ich fasse mir ein Herz und hebe meine Hand. „Herr Yussuf?"

„Du bist Belinda. Sprich!"

„Ich möchte Ihrem Enkel eine Frage stellen."

„Tue es."

„Ahmed, hast du mich von hinten gestoßen, sodass ich meine Orientierung und den Halt verloren habe? Du musst doch meine Angst gesehen haben. Oder hast du versucht, die anderen davon abzuhalten, mich zu treten, als ich schon am Boden lag? Ich möchte verstehen, warum ihr das getan habt?"

„Antworte, Ahmed." Die Stimme Yussufs bebt vom zurückgehaltenen Zorn über seinen Enkel.

„Ich habe..., wir wollten..." Ahmed stammelt vor sich hin. Dann scheint er sich aufzurichten. „Ich habe Unrecht getan. Ich habe mich nicht ausreichend für dich eingesetzt. Ich habe Schande über mich und meine Familie gebracht. Ich bitte dich um Verzeihung, Belinda."

„Bitte gib mir deine Hand, Ahmed, damit ich spüren kann, ob du es ernst meinst."

Seine Hand ist weicher als erwartet. Sie ist erhitzt und etwas feucht. ‚Er steht unter größtem Druck,' denke ich und beschließe, ihm zu glauben.

„Ich glaube dir, Ahmed. Ich werde keine Angst mehr vor dir haben müssen. Ich danke dir, dass du mir helfen wolltest."

Yussuf klatscht in die Hände und ruft etwas in einen

Nachbarraum. Duftender, süßer Tee wird uns serviert. Die Anspannung weicht von uns, und Vanella nutzt die Gelegenheit, den Chef des Viertels mit Neuigkeiten über diesen und jenen und den Großstadtdschungel zu versorgen.

Wir verabschieden uns und bedanken uns bei Yussuf und seiner Familie für die Gastfreundschaft. Wir alle wissen, welch schwierige Aufgabe Ahmed nun bevorsteht, muss er sich doch gegen seine Kumpels wenden, denen er bislang gefolgt ist. Vanella lädt ihn ein, jederzeit hinüber in den Nachbarschaftsgarten zu kommen. Der stehe jedem offen, der an ihrer Gemeinschaft teilhaben möchte.

Als Ben und ich uns von Vanella verabschieden, versprechen wir ihr nur zu gerne, schon bald wieder zu kommen – unabhängig davon, ob das Handy wieder auftaucht oder nicht.

„Vanella ist eine starke Frau, nicht wahr?" Ich bin noch ziemlich beeindruckt von dem zuletzt Erlebten.

„Hmhm," brummt Ben ein wenig zu eifrig.

„Hallo? Muss ich mir Sorgen machen?"

„Hmhm."

Kurze ‚Hms' vorne hoch, hinten tief, Frequenz verzerrt, vermutlich mit Kopfschütteln. Ich lächele.

„Beschreib sie mir! Sofort! Vagabundo!" Ich drohe ihm im Spaß. Erneutes ‚Hmhm' ist die Folge. Brummen wellenförmig, in der Mitte hochgezogen. Der Schuft. Ich zwicke ihn so heftig, dass er einen schmerzenden Fleck davontragen wird.

„Heh, Kriegerin! Schlag nicht deinen Späher!"

„Sag an, Späher, ist sie schöner als ich?"

Ben lacht: „Wie sollte das gehen, meine sanfte Kriegerin des Himmels? Sie ist zudem uralt: über zwanzig. Allerdings hat sie muntere und sehr lustige Augen und lacht gern. Sie ist sehr selbstbewusst und alle hören auf sie. Meterlange Dreadlocks hat sie. Leider raucht die Lady, was ich blöd finde..."

„Soso. Das alles hast du bei deinen Blicken auf sie erspäht?"

„Ja, klar."

„Sehen hat was, ich sag´s dir." Ich bin plötzlich mal wieder voll verdrossen.

„Ach, komm, Belinda..." Ben zieht mich an sich. Er tröstet mich tatsächlich.

Ich wechsele das Thema: „Bereiten wir später etwas zu Essen für uns und meine Mutter zu? Sie kommt heute Abend zurück."

„Und was?"

„Mein Lieblingsspeise: Gemüse mit Trockenfrüchten und Nüssen aus dem Backofen. Magst du?"

„Klingt gut!"

„Müssen aber vorher noch einkaufen gehen..."

Einkaufen klingt einfach, ist aber für mich allein fast nicht möglich. Im Supermarkt ist alles eingepackt und steht in langen, endlosen Regalen. Tja. Mach mal bitte die Augen zu und versuche herauszufinden, in welcher Tüte sich Kekse für Hunde oder für Dich selbst befinden. Mahlzeit! Ich verrate schon mal, dass Hundekekse salzig schmecken... Wollen wir mal 'ne Büchse aufmachen, die ich ausgesucht habe? Warum so schüchtern? Greif zu! Katzen mögen Pansen!

Du verstehst deshalb vielleicht, warum ich voll auf Gemüse stehe. Das kann ich auf dem Markt oder im Supermarkt kaufen und kann tasten, was es ist und ob es frisch ist. Deswegen Gemüse. Rote Beete, länglich, duften nach Erde. Gelbe Rüben, rund, duften auch nach Erde, aber mehr nach Kohl. Mohrrüben, länglich, unverkennbarer, leicht süßlicher Geruch. Sellerie, rund, Blattansätze spürbar, wunderbarer Kokosgeruch. Pastinak, Königin der Wintergemüse, von der Form her mit Petersilienwurzeln zu verwechseln, aber nicht von ihrem köstlichen Parfum her. Das reicht.

Für die Trockenfrüchte habe ich Ben dabei und für die Nüsse auch. „Los, wir leisten uns Akazienhonig. Mein Vater soll auf seine Kosten kommen."

„Denkst du oft an ihn?"

„Klar. Du an deinen nicht?"

„Nein. Ich kenne ihn gar nicht. Manchmal denke ich aber trotzdem an ihn."

„Sie gehören zu uns, ob sie wollen oder nicht, stimmt′s?"

„Stimmt. Da sind die Trockenfrüchte. Welche möchtest du?"

„Cranberry, säuerlich, Rosinen, süß. Das Essen wird wunderbar. Versprochen."

„Welche Nüsse?"

„Cajú..." „Häh?" „Cashew. Kommen aber eigentlich aus Brasilien." „Ach so."

„Castanha do Brasil..." „Häh?" „Paranuss..." „Kommen aber eigentlich aus Brasilien, schon klar."

„Amendoim..." „Na, und...?" „Erdnuss. Reingelegt. Gibt′s auch in Brasilien, kommt aber nicht von dort. Weiß nicht, woher."

„Noch etwas?" „Nee, reicht."

Die Zubereitung ist sehr einfach. Man muss die Wurzeln schälen und in ca. 1cm dicke und 5cm lange Spalten schneiden. Lass mich gemein sein: verbinde Dir vorher die Augen! Da kommt Freude auf, nicht wahr? Entschuldige bitte, wenn ich mal ein bisschen fies bin. Aber ich bin durchaus stolz darauf, was ich alles hinbekomme auch ohne euer Sehen.

Zuletzt schichten wir alles auf das Backblech und schieben es bei 200°C Umluft für ca 30-40 Minuten in den Ofen. Trockenfrüchte und angeröstete Nüsse untermischen. Ein wenig Balsamico-Essig mit Akazienhonig vermischen und zum Schluss darüber träufeln. Nicht vergessen! Dazu kann man Quark essen, wie wir heute.

Meine Mutter ist begeistert. Sie erzählt den ganzen Abend von Verwandten, Freunden und alten Bekannten. Wir hören ihr nicht zu und können uns trotzdem nicht einfach nur anschauen: aber unsere Füße, ja, die unternehmen unter dem Tisch Entdeckungstouren auf den Beinen des anderen...

Und dann? Ben und ich stehen nach dem Essen an der Tür und wollen nicht voneinander lassen. Müssen es aber. Jetzt, wo sie wieder da ist.

Ich flüstere: „Kennst du den Feuerdrachen? Den, der dir erlaubt, alles zu denken und zu fühlen, als geschähe es wirklich?"

„Ich glaube, ich weiß, was du meinst..." antwortet mein Ben.

„Wir wollen ihn gemeinsam heraufbeschwören. Du dort unten und ich hier oben."

Ich greife nach seinen langen Haaren unter beiden Ohren, ziehe ihn zu mir herab und küsse ihn zielsicher auf den Mund, bevor wir uns trennen.

Feuerdrachen

Einen langen Moment lehne ich noch mit dem Rücken an der Tür, nachdem ich sie geschlossen habe. Noch spüre ich seinen Kuss auf meinen Lippen, noch ahne ich die Wärme seines Körpers, die viel zu schnell verfliegt.

Ich werde jetzt mit dem Feuerdrachen tanzen, diesem Schuft, diesem Verlockenden, werde meinen Gedanken alles erlauben, was sie sich wünschen! Ich werde jede Faser meines Körpers vorbereiten auf das, was ich mit Ben gemeinsam erleben will, außerhalb des Traumes.

Ich eile in mein Zimmer, schließe die Tür hinter mir ab und ziehe die Vorhänge zu. Ja, tatsächlich!

Meine Kopfhörer setze ich auf und suche die Musik heraus, die mein Vater aus seiner Heimat mitgebracht hat: Forro, Samba und Salsa. Es ist ein unglaubliches Gefühl, sich in diesem Rhythmus zu bewegen, sich zu vergessen und sich nur diesem Sound hinzugeben. So laut aufzudrehen, dass man die Klingel an der Tür nicht mehr hört, nicht nur blind ist, sondern auch taub für alles, was vor sich geht. Die Welt anzufüllen mit Tönen und Schallwellen, die sich auf meinen Körper übertragen und ihn bewegen. Erde, Wasser, Luft zu tanzen und auf diese Weise den Tanz mit dem Feuerdrachen zu erlernen.

Ohne Vorbereitung, ohne Absprache, beginnt eine Gruppe von jungen Musikern ihre Instrumente zu erproben.

So stelle ich sie mir vor: einer ist die Marcação, die größte aller Trommeln, einer Reco-Reco, jenes gespaltene Holz mit der sägezahnartigen Oberfläche und ein dritter Agogô, die Doppelglocke; weitere verkörpern andere Instrumente des Samba. Auch die tiefe, gewaltige Stimme des Vorsängers, des Cantadors, erklingt. Sie lachen und suchen den Takt, der sie zur Gruppe machen soll.

Ich bereite mich vor. Ich fühle mich wunderbar: ich habe mein leichtes, knielanges Kleid an, das so luftig um mich herum weht, dass es sich auf dem Körper wie ein Windhauch anfühlt, wenn ich voran schreite. Ich bin schön. Kein Ohrring, keine Halskette, nur meine kleinen Piercings im Nasenflügel und der linken Augenbraue sind mein Schmuck. Aber jeder, der mich wahrnimmt, schwört, ich trage sicher eine Perlenkette in diesem Moment, eine Krone vielleicht, ein Diadem zumindest. In meinem Traum nähere ich mich Ben, der Göttin der wärmenden Morgensonne gleich, umgeben vom weichen Flaum samtiger Wolken. Aufrecht und wunderbar stehe ich ihm gegenüber.

Ich spüre die Nähe eines Feuers auf einem freien, weiten Platz inmitten meines Zimmers, oh, auch inmitten meines Bauches. Jetzt, da die Glut in mir aufsteigt, lasse ich den Gedanken zu, den ich mir bislang noch immer verbioten habe, ihm mitzuteilen.

Mit meinen Mund nähere ich mich Bens Ohr und flüstere: „Ich werde jetzt für dich tanzen, nur für dich. Ich will, dass du mir zusiehst, mich begreifst mit deinem Blick. Deine Augen möchte ich auf meinem ganzen Körper spüren, dein einziger Gedanke will ich werden, mein Freund! Er soll sich bis in deinen Bauch hinein ausbreiten.

Ich werde für dich mit dem Feuerdrachen tanzen, der in mir brennt, vor dem ich aber noch Angst habe. Ich möchte die Angst überwinden."

Ich springe mit flatterndem Kleid hoch in die Luft in den Feuerkreis. Dann verharre ich regungslos, die Arme in den Himmel gereckt, die Beine wie die Arme gespreizt, sodass ich wie ein offener Kelch erscheine. Dann richte ich mich auf die Fußspitzen auf, mache schwerelose, federleichte Schritte, die mich in einen Kreis eintreten lassen, aus dem mich die Fliehkräfte umso schneller wieder hinaus katapultieren.

Ich wirbele lautlos um das Feuer, jetzt beachtet von der tiefen und mächtigen Stimme des Cantadors, der seine Instrumente in einen gemeinsamen Sound zwingt. Ich halte bei ihm und flüstere in sein Ohr, was ihn kurz aufschreckt. Doch brüllt er mit der Stimme eines entfesselten Bullen in den Himmel: „Sie will mit dem Feuerdrachen tanzen."

Ich habe mich wieder in Bewegung gesetzt, wirbele auf meinen Zehenspitzen um das Feuer herum, einmal, zweimal, dreimal. Die Fläche ist frei für mich, für Belinda, die sich jetzt vergisst und jeden Wirbel als Luftstrom spürt, jede Pirouette als Bewegung des Wassers in dem Gefäß ihres Körpers, jede einzelne aber durch die Luft angetrieben findet, die nun immer heftiger in ihren Mund eingesogen und aus ihm ausgestoßen wird, deren Füße sich immer wieder mit der Erde verbrüdern.

Nur Ben steht bei mir im Feuerkreis, während ich weiter und weiter drehend um das Feuer herum rase.

Die Trommeln setzen mächtig und mit monotoner Kraft ein.

Trommeln: dunkles Dröhnen der Mar-ca-ção, Mar-ca-ção, Mar-ca-ção. Vibrieren der Trommelfelle, Vibrieren der Luft, Vibrieren des Zwerchfells, Vibrieren des Bauches, der Haut, der Sinne, der Seele. Der Kopf beginnt im noch langsamen Takt der Marcação zu nicken. Nicken und Pendeln im Rhythmus der mächtigsten aller Trommeln, sanft, auf und ab, hin und her. Die Tänzerin erfasst das feine Kleid mit der rechten Hand, löst sich mit einer anmutigen Bewegung aus ihm und wirft es hinein ins Feuer als Herausforderung an den Feuerdrachen. Heiß spürt sie seine Blicke auf sich, doch scheut sie sich nicht, sondern genießt zutiefst die Erregung, die sie ergreift.

Bis auf ihren Kopf rührt sie sich nicht. Er schwingt nur sanft hin und her. Bis plötzlich der Agogô einsetzt und sich auf den Ton der Marcação legt. Ping, ping, ping ping ping.

Belindas Augen öffnen und weiten sich, ihr schlanker Rumpf beginnt, sich nach der Musik zu bewegen. Noch stehen ihre Füße still, schon greifen ihre bloßen Zehen in den Boden, noch wiegen sich ihre Hüften, schon greifen ihre Hände in den Himmel, scheinen ihre Augen der Welle ihrer Arme zu folgen.

Jetzt sind alle Instrumente im Spiel und die Musik gewinnt an Fahrt. Ein Lächeln, die Welle wird zur Flut, erfasst die Brust, den Bauch, den Schoß, die Hüfte, die Schenkel und endlich erst den einen Fuß, sodann den zweiten.

Sie tanzt, tanzt die *Erde* in sich.

Belinda schüttelt ihre Glieder aus, biegt sich nach hinten, bis ihre Hände den Boden berühren, ihre Brust in den Himmel weist und ihre Beine nachfolgen, um schwerelos wieder auf ihnen zu stehen zu kommen. Sie sackt nach vorn in sich zusammen: ihre Knie nähern sich an, berühren sich, während ihre Fesseln auseinanderstreben. Die Füße beginnen, den Boden um das Feuer herum zu stampfen, der, längst festgetreten, dumpf widerhallt. So geht es um den Feuerkreis herum. Mar-ca-ção.

Tanze, Tänzerin, tanze.

Beschwöre Mutter Erde und lass uns ihre Stärke fühlen. Ihre Fruchtbarkeit, ihre Wärme. Erde widersteht größter Kälte, Erde übersteht stärkstes Feuer. Erde ist dein Verbündeter, um mit dem Feuerdrachen tanzen zu können. Auf Erde ist Verlass, Erde ist Vertrauen.

Tanze, Tänzerin, tanze! Wecke mit deinen Füßen die Geister der Erde, die für uns sorgen, wenn sie sich mit dem Regen vereinigen, wenn sie Heimat sind für alles, was aus ihr wächst. Deine Knöchel, Tänzerin, schmeicheln der harten Erde. Du tanzt Vertrauen, du tanzt Geduld, du tanzt Verlässlichkeit.

Belinda entflammt, sie tanzt jetzt wild. Ihr Atem wird für alle hörbar. Ihr gelber Atem kommt dem Feuer nahe, das Feuer weicht vor ihm zurück, rote Funken stieben knisternd weg von ihr.

Noch ist der Feuerdrache nicht zu sehen. Das Feuer ist unruhig und zeichnet ihren Körper nach; streift warm ihre Haut, beschattet sie alsbald. Jede Faser an ihr tanzt den Pulsschlag ihres Blutes.

Sie tanzt, tanzt die *Luft* in sich, getrieben vom kraftvollen Rhythmus des Sambas.

Hatten ihre Füße eben noch die Erde gestampft und hohles Echo geerntet, scheint sie dem Boden nun vollständig entbunden: nur so selten und so kurz lassen sich ihre flüchtigen Zehenspitzen herab, dass man glauben könnte, sie habe Schwingen bekommen. Aus einem atemberaubenden Wirbel um das Feuer herum, schöpft sie den Schwung, federleicht schwebt siemit einem einzigartigen Spagat empor, und sinkt nicht mehr hinunter. Erst jenseits des Feuers zollt sie flüchtig der Schwerkraft den Tribut.

Belindas Arme sind angewinkelt, als sie Pirouette um Pirouette dreht, getrieben von einem ekstatischen Rhythmus, der inzwischen durch Tamburine unterstützt wird. Ihre Arme bewegen sich wie die Flügel der Vögel, sie läuft und gewinnt Höhe, sie fliegt hinauf zu den Wolken und nähert sich der Sonne. Bis ihre Federn sich lösen und – angedeutet durch das Spiel ihrer feinen Finger – zur Erde hinab sinken.

Sie tanzt die Luft, die Leichtigkeit, die Hoffnung, das Verstehen und Verzeihen. Die Luft, die in die Weite weht und spielerisch verweilt, die biegt und beugt, doch selten bricht. Die Luft, die das Feuer nicht ausbläst, sondern anfacht. Wo Feuer und Luft aufeinandertreffen, entsteht Weißglut. Niemand ist heißer als sie. Niemand kann ihr widerstehen, nichts kann sie halten.

Die Musik, bricht von einem unvorstellbaren Brüllen des Vorsängers gezwungen, unvermittelt ab. Zurück bleiben Rocars, Schellen, die die Heftigkeit von Belindas Atem zunächst aufnehmen, dann aber in eine sanfte Bewegung überführen. Sie erscheint schon jetzt im Glanz der Flammen gestählt und unverletzbar durch die Glut.

Sie tanzt, tanzt das Wasser, das in ihr rauscht.

Ihre Hände umschlingen sich im Himmel. Ihre Hüfte beginnt, weich zu kreisen, ihre Schenkel bleiben geschlossen um ihren Schoß. Die Schlagzeuge nehmen ihre Bewegungen auf und übernehmen die Führung. Sie bewegt sich nicht von der Stelle, ihr ganzer Körper weht in der kraftvollen Dünung eines unsichtbaren Meeres. Die Dünung schwemmt sie in die eine, später in die andere Richtung. Belinda tanzt göttlich, sich selbst und ihrer Schönheit bewusst, .

Belinda hat ihre Augen geschlossen; ihr Gesicht ist tief konzentriert und ihre Lippen sind leicht vorgestülpt. Doch schon ist die Phase der Erholung für die Tänzerin dahin: der Bulle hat alle Instrumente, die geschwiegen haben, herbei gebrüllt, Befehle gebellt und Männer an das Feuer getrieben, die nun mit Palmwedeln beginnen, die Glut weiter anzuheizen.

Sie tanzt, tanzt das Feuer, das in ihr lodert.

Belinda tanzt mit dem *Feuerdrachen*. Die Musik wird ohrenbetäubend, gnadenlos, nur der eigene Puls ist lauter. Herz und Trommeln gleichen ihre Schlagzahl an. Belinda gerät in Ekstase. Ihre Bewegungen scheinen nicht mehr zielgerichtet, ihre Glieder zucken, verbiegen sich, Rücken zum Boden: Erde hilf. Leichtigkeit, trage mich über alles hinweg, was mir schadet und sich entgegenstellt, Wasser, kühle mich, wenn ich in Flammen zu verbrennen drohe. Unsicherheit, ich gehöre dir nicht mehr. Zweifel, ich spüre euch nicht mehr. Enttäuschung, erinnere ich nicht. Herz, schlage, wie du noch nie geschlagen hast. Feuer, brenne in mir, verwandele alles in eine Glut, die mich voran treibt, ohne mich zu verzehren. Glut, bleibe mir erhalten, sei mein Freund: verbrenne alles, was schlecht für mich ist. Stärke mich!

Feuerdrache! Diene mir mit deiner Macht ! Ich will mit dir tanzen! Du sollst mich hinauftragen in Höhen, in denen ich nie war! Angst, was bist du mir fremd! Herz, schlage, wie du noch nie geschlagen hast! Mein gnadenloser Herausforderer, auf den ich so warte, der Feuerdrache, will mit mir tanzen.

Belinda nimmt nichts mehr wahr, außer den Trommeln, die geschlagen werden, als gelte es, den Teufel aus der Hölle zu vertreiben. Die Trommler knien schweißüberströmt mit ihren Trommeln zwischen den Beinen am Rande des Feuerkreises und wissen, dass das Heil der Tänzerin nun von ihnen abhängt. Sie geben alles, um sie voranzutreiben, um ihr Bewusstsein in eine andere Welt zu tragen, in der Zweifel und Angst, Enttäuschung und Verzweiflung keinen Platz haben.

Auf dieses Zeichen hin brüllt der Stier die Männer

am Feuer an: mit starken Ästen ziehen sie das Feuer auseinander und formen eine Spur aus Glut von einen Seite auf die andere.

Die Trommler vermögen nochmals, die Heftigkeit und Geschwindigkeit ihres Rhythmus zu steigern.

Als Belinda jetzt auf die Glutspur zu tanzt, schlagen die Flammen zu ihr empor, greifen nach ihr und Formen den Rachen des feuerspeienden Drachens. Sie scheint verloren und ihre Haut versengt. Doch ein glückliches Lächeln huscht über ihr Gesicht, ihre Hand legt sich dem Feuerdrachen zwischen die Hörner und bedeutet ihm, dass er seine Furcht einflößende Macht verloren hat. Noch bevor sie die Glut verlässt, tanzt sie heiter, froh und ohne Angst mit ihm, schwingt sich mit ihm auf und ab - streicht mit beiden Händen ihrem Ben über die Wange, streift ihm das Hemd ab und fühlt auch seine Hitze: hält ihn fest an seinen Schultern und zieht ihn so eng an sich heran, dass sie, Haut auf Haut, miteinander verschmelzen. Genießt diesen Moment des ungezügelten, heißesten Feuers und lacht hell auf. Schreit in den Höllenlärm:

„Ab in die Dusche, Belinda, was für ein fetter Traum!"

Freundschaftsgarten

Kennst Du das, dass man nur noch einen Gedanken im Kopf hat? Bis an die Grenzen des eigenen Inneren damit angefüllt ist, sodass kein anderer mehr Raum greifen kann? Manchmal denke ich nur an Melodien, die ich mit Cella spielen möchte. Heute, heute denke ich nur an Ben, der eine neue Melodie in mir hervorbringt, die mich mehr und mehr umfängt. Die alles an mir erfasst, die sich nicht nur in meinem Kopf festsetzt, sondern hinunter drängt bis in den Bauch und noch weit tiefer. Die mir zeigt, dass Kopf und Bauch einen gemeinsamen Weg finden müssen: weil ich sonst zu zerreißen drohe zwischen meinem geheimen Wunsch und gleichzeitiger Angst vor den Folgen, die die Erfüllung des Wunsches mit sich bringen könnte.

Mein Verstand sagt mir, dass nichts so sein kann, wie mein Bauch es mir rät. Mein Bauch entfesselt den Feuerdrachen, mein Verstand versucht, ihn zu zügeln, zu bändigen. In Gedanken geht es hin und her. Ich verzweifle manchmal, weil ich nicht weiß, wem ich nachgeben darf oder sollte.

Aber was, wenn man lernte, seine Kraft, die aus dem unbedingten Verlangen rührt, die aus meiner tief verborgenen Traumglut entsteht, die den Verstand überwältigt, so für sich zu nutzen, dass man im Gegenteil verwandelt aus der Glut hervorgeht? Weil man darin gelernt hat, das Schöne zu erleben und das Verunsichernde, ängstlich Machende wie Asche davon tanzen zu lassen?

Ich bin, die ich bin. Ich will zu mir stehen, wie ich bin. Mein Fleisch und Blut bestehen aus Erde und Wasser. Meine Gedanken sollen wie kühle Luft sein, aber meine Träume und Wünsche sollen brennen wie heißes Feuer. So will ich es.

Der Weg, den ich gehen muss, der Weg, auf dem ich Bauch und Verstand versöhnen muss, der verläuft verschlungen in mir selbst.

Du ahnst schon längst, wer mein, wer Dein Feuerdrachen ist? Hoho!!

Der Feuerdrache ist der Unverschämteste, den Du Dir vorstellen kannst: er verkörpert das Innerste, Geheimste, Verborgenste, das Du Dich nur im Traum getraust, das Du bislang nicht zu leben wagst. Der Feuerdrache brüllt lautlos lachend in Dein Ohr: ‚Du bist, wie du bist! Steh dazu! Hol ihn dir! Wenn du ihn lieben willst, dann tue es! Nähere dich seinen Lippen so dicht, dass du erst ihre Wärme spürst, den Hauch ihrer Feuchte und den sanften Luftstrom seines Atems – bevor du sie mit deinen verschließt! Genieße ihn in tiefen Zügen, nimm ihn dir ganz und gar, Belinda! Du tanzt heute! Warte nicht auf morgen!‘ Das ruft er, als sei es das Normalste von der Welt. Das Feuer, das sich aus seinem Rachen löst, durchströmt Dich, erfüllt Dich bis in die Zehenspitzen, bis in den Bauch und noch viel tiefer. Ich habe nicht Schmetterlinge im Bauch, sondern den Feuerdrachen! Wie könnten mich Schmetterlinge mitreißen!

Und doch ahne ich sehr genau: wenn man den Feuerdrachen nicht beherrscht, wenn man den Tanz nicht tanzen kann und seine Kraft nicht nutzen lernt, dann Gnade Deiner Seele: sie riskiert in Angst und Sehnsucht, Enttäuschung und Verzweiflung zu verbrennen. Doch riskiert man das nicht auch, wenn man nichts riskiert? Sich zu öffnen, ihn zu umarmen und doch nicht zu verbrennen, das heißt, mit ihm zu tanzen, immer wieder aufs Neue. Ich glaube, sich zu verwandeln heißt, höchsten Einsatz selbst bei drohender Enttäuschung zu zeigen und an sich zu glauben und mit dem Unverschämten zu tanzen. Dann kann er Dir alles erfüllen, was Du Dir erträumst. Da bin ich sicher. Wie wunderbar wird der Tanz erst sein, wenn Ben und ich ihn beide tanzen wollen.

So denke ich, als ich endlich im Bett liege. Doch dann befällt mich wieder die grauenhafte Furcht, was wohl wäre, wenn Ben nicht mehr zu mir hoch käme. Diese Vorstellung würgt mich geradezu und mir wird fast schlecht davon. Ich denke an das Gespräch über Vanella. Was, wenn er sich eine andere Freundin nähme; eine, die sehen könnte, die ihn bewundernd anblickt, die zu ihm sagt: ‚Sieh nur, wie schön ich mich für dich gemacht habe‘, die das auch tut, in

Stunden vor dem Spiegel mit all den Farben. Nichts von dem, was ich darüber hier schreiben könnte, sagt mir wirklich etwas und bedeutet ihm doch sehr wahrscheinlich viel.

Manchmal bin ich unglaublich traurig über meine Situation, ja, zutiefst frustriert. Ich würde jetzt gern mit Cella spielen, doch ist es schon zu spät. Ich denke an den Trotz, den sie mir immer vermittelt und der mich aus dem Sumpf zieht. Tief seufzen muss ich. Ich würde jetzt gern bei Ben anrufen. Doch der hat kein Handy mehr.

Natürlich weiß ich, dass alles Grübeln zu nichts führt und keine zu einer werden wird, die sie nicht sein kann: Kann ich fliegen, wenn ich vom Dach der Welt springe? Das würde eine Zeit lang nur so scheinen. Kann ich ein Bild aus Farben malen, nur weil ich den Rahmen, den Pinsel und die Farben in die Hand gedrückt bekomme? Das würde eine Zeit lang nur so scheinen. Kann ein Sehender eine Blinde wirklich lieben, die mit ihm seine Welt nicht teilen kann? Muss das nicht eine Zeit lang nur so scheinen?

Möglicherweise belaste ich Ben schon lange. Klammere mich so an ihn, dass er unter der Umarmung schon fast erstickt. Behindere ihn. Muss ich ihn nicht von dieser Behinderung befreien? Wenigstens diese Behinderung wäre heilbar...

Ich überlasse meine Augen jetzt dem einzigen, was sie können: Weinen.

Kann ihn nicht lassen. Will nur bei ihm sein; das ist die Wahrheit.

„Ich bin mir nicht sicher, ob ich den Feuerdrachen heraufbeschwören konnte wie du... Habe nur herum gegrübelt...“ beginnt Ben am nächsten Tag. Wir sind auf dem Weg zum Großstadtdschungel. Ich bin verunsichert. „Warum?“ frage ich erschreckt in Gedanken an meine morgendliche Verzweiflung.

„Wenn man in einen Raum kommt und will sich setzen, kennt aber niemanden, dann setzt man sich mit größtmöglichem Abstand zu allen, stimmt´s?“

„Weiß ich, ehrlich gesagt, gar nicht. Ich frage ja nicht erst herum, wo einer sitzt. Meistens sagt jemand, neben ihm sei noch ein Platz frei. Spätestens, wenn ich mit meinem Stock suche, weist mich jemand auf einen Platz hin.

„Das ist interessant.“ Ben scheint zu grübeln. „Im Herbst sah ich Schwalben auf einer Hochspannungsleitung sitzen. Jede hatte von der anderen denselben Abstand. Aber immer, wenn eine neue sich zwischen zwei setzte, rückten die Nachbarn und deren Nachbarn wieder auf maximale Distanz. Und das sollte nicht so sein, wenn man nichts sieht? Das glaube ich nicht.“

Jetzt war es an mir, nachdenklich zu werden.

„Wenn ich es recht überlege, spüre ich die Gegenwart der Leute im Wartezimmer beim Arzt und könnte den Platz zwischen ihnen auch ohne Stock finden..."

„Genau das meine ich, Belinda. Die Menschen stoßen sich gewöhnlich ab, wie es gleiche Pole von Magneten tun. Aber..." Ich höre ihn grinsen und zu mir blicken. „...wenn ein bestimmter Punkt überschritten ist, drehen sich die Pole um und die Magnete ziehen sich unwiderstehlich an. Ist es nicht so?"

Ich werde orange.

„Mehr noch," fährt er fort. „Die Magnete versuchen, ineinander überzugehen und einen einzigen Magneten zu bilden. Da das mit unseren Körpern nicht geht, geht die Anziehungskraft in unseren Rücken über und dann in den Kopf. Wenn wir uns trennen, bleiben wir durch den feinen Spinnfaden unserer Gedanken verbunden, die den Kontakt unauflösbar erhalten, wohin wir auch gehen und wo auch immer wir uns aufhalten. Das ist so fantastisch, und ich finde es so superschön, dass ich das mit dir erleben darf, Belinda."

Sorry, aber meine Augen walten ihres einzigen Amtes, Du weißt schon. Ich nehme ihn in den Arm und erzähle ihm von meinen Gedanken des letzten Abends.

Statt langer Reden küsst er meine Augen und flüstert „Meine Belinda..."

Wir sitzen Hand in Hand in der Hollywood-Schaukel im Großstadtdschungel und warten auf Vanella, als Ben sagt: „Da kommt Ahmed."

„Was geht?" Ahmed ist etwas verlegen. „Hör zu," richtet er sich an Ben. „Sag ihr, ihr Handy wäre futsch; war schon weiterverkauft."

„Ich bin zwar blind, aber nicht taub, Ahmed."

„Sorry, Angelica."

‚Sieh mal an,' denke ich. ‚Das ehrt mich, ist es doch der angesagteste Ausdruck für eine unantastbare Schönheit hier in der Stadt.'

„Und nun?"

„War ja schon ein altes Teil. Habe deshalb ein neues für dich, ok?"

„Alt? Das war neu, Mann!" ereifert sich Ben.

„Cool, Alex," beschwichtigt Ahmed.

„Ben," berichtigt ihn Ben. Er weiß nicht, dass Alex hier in unserem Viertel der Name desjenigen ist, der allein Angelica berühren darf. So romantisch geht es hier ab, wenn man genau hinhört und das weiß – ist das nicht unglaublich?

„Alex, neu vielleicht, hej, aber voll gruftig. Hab der Lady mal auf das Neue was drauf gespielt, damit sie sich besser orientieren kann. Muss dann keinen mehr fragen..." Er grinst hörbar.

„Hast du es geklaut?" frage ich ihn direkt.

„Neee! Was denkst du, Angel? Voll sauber, das Teil. Musst nur ´ne neue Nummer besorgen. Mit GPS und allen Schikanen. Voice control. Musst nicht tippen.

Wirst sehen."

„Na gut, Ahmed; ich glaube dir auch diesmal. Dann danke ich dir, dass du dein Wort gehalten hast."

„Ehrensache..." Plötzlich spüre ich, dass er rot wird.

„Ehrensache," wiederhole ich und halte ihm meine Hand hin. Er schlägt ein und ich spüre, dass sie trocken und fest ist.

Ich halte sie fest, blicke dorthin, wo wahrscheinlich seine Augen sind und frage, was seine Freunde dazu gesagt haben, dass er das Handy zurück haben wollte.

Er entzieht mir seine Hand, dreht sich um und ruft im Gehen: „Sie werden dich in Ruhe lassen, sonst kriegen sie Stress mit Yussuf und seiner Familie. Es tut mir leid, was ich dir angetan habe. Hab' mich vergessen. Bin eigentlich gar nicht so. Glaub's ma'. Mach's gut."

„Na, was sehe ich denn da: ein zufrieden grinsender Ahmed verlässt den Großstadtdschungel. Er hat es zurück gebracht?" Vanella trifft ein und findet uns auf der Hollywoodschaukel abhängend. Ich und vermutlich auch Ben nicken ihr statt einer Antwort entgegen. „Ich muss ihr mein Handy nun wohl überlassen, so neu wie es ist und so gut für sie ausgestattet. Behalte dafür ihr altes..." höre ich Ben. Stimmt schon, ich muss es irgendwie ausbügeln. Aber nicht heute.

„Er hat uns Angelica und Alex genannt, Vanella."

Ich freue mich sichtlich und sie antwortet mit „Wow", wie ich es mir gedacht habe. Ben kapiert immer noch nichts und ich erkläre es ihm. „Wow." Groschen gefallen. Geht doch.

„Ich sage es euch: dieser Garten ist ein Freundschaftsgarten. Man geht mit Stress hinein und geht glücklich hinaus." Vanella ist begeistert. „Wollt ihr was trinken?" Sie holt jedem eine Flasche Limo und drängt sich zwischen uns.

Dann greift sie meine Hand und beginnt, uns den Garten zu schildern.

„Da vorn stehen die Kräuter, die überwintern konnten. Da entlang befinden sich alles Kisten, die neu bepflanzt werden müssen und dort unser kleines Gewächshaus. An der Mauer entlang befinden sich die Dächer, unter denen unterschiedlichste Tomaten wachsen werden. Dahinter der Komposthaufen und in der Tiefe des Gartens eine Pilzecke und eine Rückzugsmöglichkeit mit Hängematte. Bienenkästen, Bauwagen, Lehmofen, Toilette. Kisten für Kürbisse, Zucchini, Gurken, und was sonst noch alles."

Mein Arm gehört wieder mir und hat eine volle Runde beschrieben. Nach und nach trudeln immer mehr Leute ein und begrüßen uns freundlich. Sie setzen sich zu uns, schicken ihre Kinder hierhin und dorthin und beginnen stolz, von ihrem Garten zu erzählen.

„Wir sind urbane Gärtner und Gärtnerinnen, Belinda", eine junge Männerstimme liefert einen fröhlichen Werbeblock ab und fuchtelt dabei wahrscheinlich mit den Armen. „Diverse Gemüse, Kräuter, Beeren und Blumen bauen wir in Transportkisten, Badewannen, Palettenkisten, Eimern und Einkaufswagen an. Alles wird gemeinsam geplant, angebaut und geerntet. Die Kisten sind zu groß, um sie allein zu schleppen. Wir füllen sie und pflegen sie zusammen..."

„Sind also Beziehungskisten, nicht wahr?" versuche ich, mich am Gespräch zu beteiligen.

„Beziehungskisten? Heh, Leute! Unsere Kisten sind Beziehungskisten! Ist doch cool!" Der junge Marketingexperte erkennt die Chance.

„Woher habt ihr all die Kenntnisse für die Aufzucht der Pflanzen?" mischt sich Ben ein.

„Uns geht es besonders ums Ausprobieren, ums Dazu- und Voneinanderlernen. Vielleicht hast du ja mal Lust mitzumachen bei einem unserer Experimente?" Ich höre wieder eine neue Stimme und stelle mir einen dickeren Mann mit Bart vor. Ich bin sicher, dass er eine Brille hat.

„Hast du eine Brille auf?" frage ich ihn.

„Äh, ja? Wie..."

„Intuition... Du glaubst, ich könnte helfen?"

„Warum nicht? Wessen Hände könnten beim Pikieren vorsichtiger sein als deine?"

Seine Stimme ist warm und ehrlich.

„Ich überlege es mir..." Eigentlich habe ich aber schon angebissen.

Ben meldet sich wieder zu Wort: „Wie seid ihr überhaupt an das Gelände gekommen? Hier ist doch eine Baulücke und die kann doch unmöglich lange freistehen..."

„Tja, das ist tatsächlich unsere größte Sorge", antwortet ihm Vanella mit ihrer etwas rauen, rauchigen Stimme. „Vor ein paar Jahren war das hier eine stark vermüllte Brachfläche, auf der nur Unkraut zwischen all den weggeworfenen Sachen wuchs. Du hast da hinten ja sogar das Autowrack gesehen. Alles andere konnten wir wegschaffen. Wir haben uns ganz offiziell als Zwischennutzer bei der Stadt beworben und dürfen hier so lange bleiben, bis das Gelände bebaut wird. Deshalb ist auch alles in Kisten: wir können den Garten dann einfach mitnehmen."

„Aber die Menschen werden wir nicht mitnehmen können..." wirft eine Frauenstimme ein, die ich bislang noch nicht gehört habe.

„Das stimmt. Wenn wir hier eine solche Brachfläche zum Nutzgarten umwandeln, gestalten wir unser Wohnumfeld neu, gestalten wir unsere Stadt neu. Neue Treffpunkte entstehen, und wir drücken damit unsere Vorstellungen von einer Stadt aus, die für die Menschen gemacht ist, einer Stadt, in der sie wohnen bleiben möchten: einer Stadt, die Teilhabe im weitesten Sinne ermöglicht - also einer Stadt für alle."

Vanella ist Visionärin, so viel ist sicher. Teilhabe – dieses Wort wird auch in meinem Bereich oft verwendet. Von denen, die Menschen mit Beeinträchtigungen, wie ich einer bin, integrieren wollen. Ich bemerke, dass es hier alle auch für sich selbst verwenden. Das finde ich super erstaunlich; es berührt mich tief. Es macht mich mehr als viele Worte zu einem Teil von ihnen.

Alle schweigen betreten und ich frage: „Gibt es denn schon eine konkrete Gefahr für den Garten?"

„Ach, man hört so dieses und jenes Gerücht. Noch nichts Konkretes." Vanella wischt ihre Bedenken offenbar weg, als sie mit gewohnt zuversichtlicher Stimme fortfährt: „Aber Schluss jetzt mit dem Gerede. Wir haben viel zu tun und vorzubereiten für die Frühjahrssaison. Am kommenden Samstag treffen wir uns, um alle kleineren und größeren Feste zu planen. Wir müssen überlegen, wo wir Leute für Livemusik und Bands herbekommen, wann wir Gartenführungen und Bastelworkshops anbieten und wann Floh- und Tauschmärkte stattfinden sollen; sommerliche Kinoabende müssen organisiert werden. Seid ihr dabei?"

Völlig begeistert nicke ich und spüre, dass Ben dies auch tut.

Während die meisten an die Arbeit gehen und auch

Ben mit in das geschäftige Treiben in verschiedenen Teilen des Gartens einbezogen wird, bleiben einige Mütter mit ihren kleinen Kindern bei mir sitzen. Sie fragen mich, ob ich wirklich gar nichts sehe. Ob ich tatsächlich noch nie etwas gesehen hätte? Das sei dann vermutlich weniger schlimm, weil ich nicht wüsste, was mir entgeht?

Auch wenn sie es nett meinen, nervt mich das erheblich. Warum reiten immer alle auf der Unterschiedlichkeit herum und führen uns vor, was wir für Defizite haben?

Sehen – immer und überall.

Ich frage, ob sie Cello spielen könnten und ob es ihnen deshalb leicht fiele, darauf zu verzichten, weil sie es noch nie kennen gelernt hätten? Blöder Vergleich. Mir fiel aber kein besserer ein. Nee, würden sie tatsächlich nicht vermissen. Ob ich Cello spielen könnte? So blind, wie ich sei?

„Ja", sage ich. Die Ladies wechseln das Thema.

„Das Schönste ist die Erwartung des Sommers", sagt eine Frauenstimme. „Wie wunderbar, wenn wir jeden Samen in die vorbereitete Erde legen, ihn hegen und pflegen und – wenn wir nur recht bemüht und besorgt sind – daraus eine Blume mit ihren Blüten entsteht! Das Gelb der Sonnenblumen kann ich kaum erwarten, selbst wenn ich weiß, dass der Sommer sich dann schon zum Ende neigt. Ach wie schrecklich, was dir alles entgeht!" Die Frauenstimme checkt kein bisschen vom Blindsein und all dem, was ich mit Ben darüber diskutiert habe.

Ich bin es plötzlich unglaublich leid, immer wieder zu beteuern, dass ich einen Weg finde, auch ohne Farben klar zu kommen. Meine eigenen Farben habe und meine Möglichkeiten.

„Ben?" rufe ich laut. „Kommst du mit? Wir wollten doch noch..."

Bevor ich etwas lügen muss, ist Ben schon da und antwortet: „Ach ja!"

„Bring dein Cello mal mit." ruft uns Vanella bei dem überstürzten Aufbruch noch lachend hinterher.

Komposition

‚Bring doch mal dein Cello mit' hat sich Vanella gewünscht. Als ich es dann tue, herrscht große Verblüffung im Großstadtdschungel. Keiner hat erwartet, dass Cella und ich so harmonieren. Jedesmal wenn ich mit ihr auf dem Rücken den Garten betrete, begrüßen mich die Leute, die irgendwo mit den Pflanzen beschäftigt sind, freundlich und raten mir, mich hier oder dorthin zu setzen, damit ihre Arbeiten mich nicht stören. Wenn ich dann aber spiele, hören alle auf zu arbeiten, scharen sich um mich und lauschen den Melodien, die aus Cellas Bauch ertönen. Und ich meinerseits mache eine wunderbare Entdeckung. Bislang habe ich nur für mich allein oder für Ben gespielt und daraus meine Kraft geschöpft, die mir erlaubte, immer Neues zu erdenken. Jetzt sitze ich in einem Kreis von Menschen, deren Dichte und Energie ich deutlich spüre. Gelb umgibt mich, während ich spiele und immer neue Ideen werden in mir geboren, ohne dass ich darüber nachdenken müsste.

So verbringe ich viele Nachmittage im Garten. An den Tomaten und Gurken verfolge ich, wie sich die Pflanzen entwickeln, an der Veränderung der Akustik ahne ich das dichter Werden des Dschungels, an der zunehmenden Vielfalt der Düfte im Garten erkenne ich die Wirkungen der Frühlingssonne. All diese Veränderungen beziehe ich in Cellas Spiel mit ein, wenn ich mich davon inspirieren lasse.

Ben hilft tatkräftig bei der Gartenarbeit mit und hält mich stets davon ab, dass ich meine Finger ruiniere. Das soll jetzt echt keine Ausrede sein. Aber ich trainiere mittlerweile schon recht schwierige Griffe und muss mit meinen Fingern etwas vorsichtig sein.

„Anfang August, Leute, lasst uns unser Sommerfest feiern", sagt eines Tages Vanella zu allen, die mir gerade zugehört haben. Sie erntet viel Zustimmung und befragt jeden, was er beisteuern könnte. Mich bittet sie, als Live-Act auf Cella zu spielen. Doch ich weiß bereits, dass mein Vater uns an den ersten Tagen des August besuchen wird und eigentlich möchte ich mit ihm gemeinsame Zeit verbringen. Deshalb antworte ich vage und begründe meine Unentschlossenheit mit der Anwesenheit meines Vaters.

Ich will ganz ehrlich sein: ich will meistens, dass er bleibt, wo der Pfeffer wächst. Aber trotzdem vermisse ich ihn auch; habe ich ja schon früher erzählt. Dann will ich nichts lieber, als ihn wiedersehen. Scheint nicht logisch, ist aber so. Er war immer die starke Schulter, an der ich meinen Frust wegen meiner Augen ausheulen konnte, als ich noch klein war. Er war mein Lehrer und mein Vorbild, als ich meine Freude am Cello-Spielen bemerkte. Doch seine ständige Abwesenheit macht mich immer wieder wütend. Verstehst Du das?

Aber Vanella lacht nur und ruft zu mir herüber, dann

solle ich ihn doch mitbringen!

„Ist doch ′ne super Idee", wird sie von Ben unterstützt. „Er spielt doch ebenfalls Cello: warum tretet ihr nicht gemeinsam auf?"

Doch wie sollte das gehen? Bei mir sehe ich meine Freiheit und Unabhängigkeit von meinem Vater besonders am Spiel mit Cella. Nicht nur, weil ich blind bin, gehe ich da andere Wege. Klar, dass ich mit Notenlesen gewisse Schwierigkeiten habe (‚Soso‘, sagt Ben). Darüber hinaus will ich mich partout nicht durch Notenwerke festlegen lassen. Darin unterscheide ich mich wesentlich von meinem Vater. Ich wüsste nicht, wie wir überhaupt miteinander spielen sollten? Es wird Zeit, sich mit ihm darüber auseinanderzusetzen.

„Na, dann kommt der nächste Besuch ja gerade recht", beschließt Ben mein Grübeln.

Tatsächlich ist er kurze Zeit später überraschend mal wieder zu Besuch hereingeschneit.

„Ich frage mich, ob ich Cella so spielen könnte, dass daraus ein Klanggemälde entsteht, das von den Hörenden wie ein Farbgemälde empfunden würde. Gegenstände und Figuren in Farben müsste ich spielen. Ist das vernünftig?

Wie würde ich einen Baum spielen? Eine Blume?

Einen Vogel?

Ein Vogel wäre einfach, schlichte Imitation durch Lautmalerei. Schafft jeder Anfänger; Donnergrollen und so. Kein Problem. Alles, was Pieps und ein Geräusch macht, könnte ich leicht auf Cella spielen.

Aber was ist mit Bergen, Wolken, dem Horizont, den es nur für Sehende gibt, wie gesagt?" So beginne ich das Gespräch mit meinem Vater. Wir sind oben auf das Dach der Welt gestiegen. Die Luft ist heute recht kühl hier oben, aber die Nähe des Himmels ist wichtig für unsere Gedanken.

„Das, was du ein Klanggemälde nennst, kann vielleicht tatsächlich wie ein Farbgemälde aufgebaut sein, wenn man verschiedene Instrumente und Klangfarben mischte und alles ordentlich aufbaute. So stellen wir Musiker uns etwa eine Symphonie vor... " antwortet er. „Aber das Farbgemälde spielt ja mit Formen und den Farben, die dir fremd sind... Wie willst du es also nachzeichnen?"

„Meine Musik soll die Empfindungen ansprechen, die ihr beim Anblick von Farben habt..."

„Hmm..." Wenn ich das richtig vermute, scheint er sinnierend in den Himmel zu schauen.

„Also mit Empfindungen, die es nur aus den Farben, die sich in unserem Inneren befinden und nicht vom Auge, das sehen kann, wahrgenommen werden können..."

„Farben in deinem Inneren?" Er hat keine Ahnung davon, dass Ben und ich orange werden können. Ich erkläre es ihm.

„Eigentlich spiele ich schon lange einen Baum, wie ich ihn empfinde und nicht, wie jemand ihn vielleicht sieht oder ich ihn sehen könnte, hätte ich Augen, die dafür gemacht sind", ende ich mit meinen Ausführungen.

„Ja, dieses Talent habe ich schon längst an dir bemerkt. Du spielst mit deiner eigenen inneren Note."

„Können dein Orchester und du Wirkungen in den Zuhörern hervorrufen wie ihr sie haben wollt?"

„Zum Schluss klatschen immer alle..." lacht mein Vater. „War ein Scherz, tut mir leid. Nein, nach meiner Beobachtung scheinen die Wirkungen eines Klanggemäldes auf die Empfindungen der Menschen sehr verschieden zu sein. Wahrscheinlich wirkt es auf jede einzelne Persönlichkeit unterschiedlich! Ja, es ist nicht auszuschließen, dass die Wirkung auf die einzelnen Hörenden selbst dann verschieden ist, wenn sie sich in verschiedenen Stimmungen befinden."

„Wenn es so wäre, wie du sagst, Vater, warum willst du dann überhaupt für andere Menschen spielen? Oder willst nie etwas mitteilen durch dein Spiel?" Ehrlich gesagt kann ich das nicht glauben. „Ich spiele im Großstadtdschungel für meine Zuhörer, alle hören auf zu arbeiten, wenn ich spiele! Keiner bleibt abseits..."

„Jeder aus einem anderen inneren Grund? Warum nicht? Der Komponist kann die Wirkung nicht vorhersehen, die er hervorrufen wird, kein Zweifel. Er selbst wird ja zu unterschiedlichen Zeitpunkten ganz verschieden von ein und demselben Musikstück bewegt! Stimmt es nicht?"

Stimmt: Heavy Metal kann ich manchmal besonders gut hören, am nächsten Tag nervt es mich voll ab.

„Der Komponist wird, wenn er komponiert, auch nicht seine eigene Stimmung schildern. Vielmehr regt seine Stimmung seine musikalische Phantasie an. Seine Stimmung kann das Resultat von Erlebnissen oder Überlegungen sein..."

Stimmt auch: ich sage nur ‚Ben'. Je erregter meine Phantasie, desto mehr trenne ich mich vom Formellen, und umso mehr werde ich selbst erschauert von der Kraft, die Cella hervorbringt. Ich muss in diesem Moment auch an die musikalische Auseinandersetzung mit meinem Vater am Silvester-Vorabend denken.

Ein bisschen doziert mein Vater jetzt, als er fortfährt: „Der Hörer bringt seine eigene Stimmung also zusätzlich mit. Er kann das Klanggemälde als reines Kunstwerk betrachten, aber auch als musikalischen Ausdruck eines besonderen Gedankens. Er vermag es, sich ausschließlich Gefühlen hinzugeben, sich von den Tonwellen umspülen und sie über sich zusammenschlagen zu lassen. Er kann etwas vom Komponisten flach Empfundenes tief auffassen, er kann Gedanken suchen, wo keine sind, und vieles matt finden, wo tiefes Gefühl ist. Ein einzelner Hörer kann etwas wie Schönheit entdecken, wo sich alle anderen abwenden. Die Wirkung des Klanggemäldes kann insofern gleichzeitig verstörend als auch ermutigend sein. Musik versucht nicht von sich aus, Schönheit hervor zu bringen.

Deshalb, glaube ich, kann der Komponist nach all dem Gesagten absolut keine Wirkungen vorschreiben!"

„Aber der Spieler!" Ich gestehe, dass ich nach dem Gehörten in ein Chaos der Gedanken hinein strudele. „Der Spieler muss es doch in der Hand haben, wenn schon nicht der Komponist! Der Spieler färbt es in die Farben seines Inneren! Diesen inneren Farben müssen die Zuhörer folgen, weil sie in ihnen selbst sind und keinen Zweifel lassen! Und was, wenn Spieler und Komponist ein und dieselbe Person sind?"

Mein Vater sagt nichts, doch fühle ich, wie ihn mein Gedankenstrudel überrascht.

„Mein Weg soll der Weg einer Komponistin sein, die zugleich Spielerin ist: ich muss voranschreiten. Ich habe bereits begonnen. Ich will mich meinen Stimmungen ausliefern und Wege zu Wirkungen suchen. Ich will meine Traurigkeit nicht mit fröhlichem Spiel leugnen, meine Fröhlichkeit nicht mit traurigem Spiel trüben. Ich will die Tiefe meines Schmerzes und den

Überschwang meiner Freude zulassen und in schöpferische Kraft umsetzen. Mir ist das möglich, weil ich um die Grundfarben und ihre Elemente in mir weiß, Ich habe eine Ahnung, was in uns allen ist: ein gemeinsames Ganzes!"

Ich muss Atem schöpfen. Mein Vater flüstert leise: „Belinda..." Doch ich lasse ihn nicht zu Wort kommen:

„Die Melodie soll meiner Musik die Form geben. Der Rhythmus in den zahllosen Tonfarben soll der Pinsel sein, mit dem ich male. Meine Gefühle sollen ein nachvollziehbares Klanggemälde mit feinen Abstufungen schaffen. Die Menschen, die meine Melodien hören, sollen spüren, dass sich etwas Weites, Ungeahntes, Unsagbares erschließt. Vielleicht können sie in eine Welt hinübersehen, die ihnen für gewöhnlich verhüllt ist wie mir die sichtbare Welt."

„Mein Gott, Belinda, was reift in dir heran? Ich bin fassungslos, wenn ich in deine Tiefe höre. Dein Klanggemälde würde jedes Farbgemälde überstrahlen."

„Ich will mit dir gemeinsam auftreten. Du sollst sehen und hören, wie meine Musik sich entfaltet. Längst hast du den Kontakt zu ihr verloren..."

„Welches Stück wollen wir spielen?" fragt da mein Vater, einer der besten Cellisten dieser Stadt. Der in Konzerthäusern der ganzen Welt gespielt hat und doch, wie ich es jetzt fühle, ein Cello unter vielen ist. Wie anders ich denke!

„Welches Stück?" frage ich ihn mit einem Lächeln, dass zumindest ich als eine Herausforderung empfinde. „Ein Stück, was uns aus der Menge zufliegen wird, was in die Menge zurückkehren wird. In jedes Einzelnen Herz..."

Tandem

Heute ist Chrissy aufgetaucht. Im Freundschaftsgarten. Einfach so.

„Hey, Belinda!"

„Chrissy?" Ich erinnere mich an ihre Stimme, doch bin ich etwas unsicher. Habe sie lange nicht gehört. „Du hast es nicht vergessen?"

„Na, hör mal! Wie könnte ich! Morgen sollst du zeigen, was du drauf hast. Willst du?"

„Du willst echt im Tandem mit mir laufen?"

„Ich hoffe, ich kann das"

„Du wirst es können, Chrissy. Weil ich dir vertrauen werde."

„Vertrauen?"

„Ich werde dahin laufen, wohin du mich führst, Chrissy."

„Hm."

„Chrissy, bitte lass uns eines nur vorher klarstellen: ohne eine Tandempartnerin – ohne dich – kann ich nicht meinen Traum, 400 Meter zu laufen, realisieren. Ich hoffe, du trainierst mich, sodass wir das gemeinsam schaffen. Aber bitte: wenn wir eines Tages in einem Wettkampf stehen, dann werde ich dir auf der Zielgeraden davon laufen. Und ich bitte dich schon heute, dass du mir das nicht verübelst..."

„Mensch, Belinda, du bist ein ungewöhnliches Mädchen. Das muss ich dir lassen. Du sollst aber wissen, dass ich in diesem Wettkampf kein Pardon kennen und dir davoneilen werde, Tandem hin oder her. Und du solltest mir das auch nicht verübeln."

„Abgemacht." Ich halte ihr meine Hand hin und sie schlägt ein.

„Der Wettkampf findet zu Beginn des nächsten Schuljahres gegen Mitte August statt."

Chrissy hält Wort und holt mich ab. Ben hat keine Zeit, weil er noch Nachmittagsunterricht hat. Wir gehen Arm in Arm zum Sportplatz Gropiusstadt. Geht Dir das manchmal auch so, dass Du zu jemandem tiefes Vertrauen fasst, obwohl Du ihn erst wenige Minuten oder Stunden kennst? So geht es mir mit Chrissy. Ihre herzliche Art, ihre aufrechte und warme Stimme und der Umstand, dass sie keine Berührungsängste vor mir hat, nehmen mich für sie ein. Ich mag sie.

Ich hake meinen Arm bei ihr ein und bemerke, dass sie genauso groß ist wie ich. Wir kommen rasch zur Sache, weil sie wissen möchte, wie wir Kontakt halten beim Laufen. Sie ist etwas nervös, doch zerstreue ich ihre Bedenken, dass sie etwas falsch machen könnte.

„Auf einer Tartanbahn zu laufen ist etwas anderes als querfeldein, Chrissy. Man muss keine Löcher,

Stolpersteine oder so etwas befürchten. Wir werden unsere Hände mit einer kurzen Leine verbinden. Sie ist nur so lang, dass ich schräg hinter dir laufen kann. Wenn wir etwas geübter zusammen sind, werde ich versuchen, auch vor dir ohne Leine zu laufen und nur auf deine Stimme hören. Das ist wichtig, wenn wir Mitläufer überholen müssen."

„Also, Belinda, du scheinst wirklich mithalten zu wollen." Ich höre, dass sie den Kopf schüttelt. Ich lächele in mich hinein und freue mich irre auf dieses erste Training.

In der Umkleide ziehen wir uns um und gehen gemeinsam auf den Sportplatz. Chrissy stellt mir ihren neuen Trainer Volker vor. Zu meiner Überraschung, hat der überhaupt kein Problem damit, dass ich nicht sehen kann.

„Alles, was zählt, ist eure Zeit und der Eindruck, den ich von euch habe, Mädels. Ihr könnt mir nichts vormachen. Wenn ich sehe, dass ihr es nicht bringt, dass ihr hier meine Zeit verschwendet, könnt ihr im Park joggen, aber nicht hier trainieren. Klare Ansage? Dann mal los. Lauft drei Runden im Intervall 200, 100."

Chrissy und ich legen das Seil um, das uns verbinden soll und traben los. Ich bin plötzlich total nervös und spüre, wie ich erröte, die Aufregung meinen ganzen Körper anfüllt und ich dringend losrennen muss.

Zweihundert Meter im Trab sind etwa 180 Schritte. Genug Zeit, um sich mit Chrissy vertraut zu machen. Ihre Schrittlänge ist eine Winzigkeit größer als meine. Ihr Atem geht ruhig und klingt ebenso wenig angestrengt wie meiner. Noch bevor wir die ersten 200 hinter uns gebracht haben, nehme ich die Hitze ihres Körpers in mich auf. Ihr Duft wird intensiv und wirkt auf mich sehr angenehm.

Plötzlich höre ich ihre Stimme.

„Noch zehn Meter, dann legen wir los, aber nur mittlere Geschwindigkeit. Sag mir, wenn ich zu schnell werde."

Schon zieht sie an und ich schöpfe tief Luft, entspanne mich und gleiche meinen Schritt an ihren an.

„Gut!" ruft sie mir nach der Geraden zu. „200 Traben."

Langsam werden wir zum Tandem. Die Schritte gleichen sich an, die Armbewegungen ebenfalls. Das Seil ist nie gespannt, sondern locker.

„Jetzt 100 hohe Geschwindigkeit."

Es ist herrlich, so frei neben ihr herzulaufen. Sie ist so viel stärker als meine alte Tandempartnerin! Wunderbar. Meine Beine strecken sich und es kommt mir so vor, als sei ich noch nie zuvor wirklich gelaufen. Herrlich.

„Nicht schlecht", kommentiert Chrissy nach diesen 100 Metern.

So geht es weiter in die nächste Gerade und in den nächsten Halbkreis.

„So schnell du kannst, Belinda", ruft mir Chrissy zu. Und schon spannt sich das Seil und ich lege zu, um an ihr dran zu bleiben. Immer schneller werden wir. Immer schneller, schneller, bis wir nur noch ein Atem, ein Schritt, ein Tandem sind.

Chrissy will es wissen. Längst neigen wir uns wieder zur Seite und gehen in die nächste Kurve, doch sie stoppt nicht ab, sondern legt noch einen Schritt zu. Ich spüre, wie ich meine Augen aufreiße und den Wind darin spüre. Halte mit, lege meinerseits einen Schritt zu und rücke an sie heran. Da sind wir wieder auf der Geraden und geben nun alles, was in uns steckt. Es ist wunderbar. Als Chrissy ausläuft, kann ich nicht mehr an mich halten, reiße meinen freien Arm empor und jauchze voller Freude so laut ich kann.

Wir traben noch eine ganze Runde bis wir wieder beim Trainer angekommen sind.

„Ok, Mädels, das ist nochmal gut gegangen. Will ich aber nicht nochmal sehen, dass ihr loslegt, ohne richtig warm zu sein." Er macht eine Pause. „Ihr wollt es wissen, stimmt´s?"

„Allerdings", sagen wir wie aus einem Mund und lachen. Ich wende mich zu Chrissy, und sie lässt sich von mir in den Arm nehmen. „Chrissy", sage ich ihr leise ins Ohr, „Ich danke dir von Herzen für diesen

Lauf. Der hat mir echt viel bedeutet."

Chrissy und ich sind jetzt Freundinnen und wollen von nun an dreimal in der Woche trainieren.

Der Frühling ist in diesem Jahr wundervoll. Er erstreckt sich bis tief in den Mai. Selbst die ‚kalte Sophie' lässt niemanden so wirklich frieren.

Meine Tage sind angefüllt wie nie zuvor. Der Morgen beginnt schon früh mit einer Stunde Fingerübungen. Dann frühstücke ich rasch, was mir meine Mutter hingestellt hat, springe hinunter und hole Ben ab. Wie schön es ist, von ihm zur Schule gebracht zu werden. Selbst der modrig-feuchte Geruch des U-Bahn-Tunnels wirkt freundlich auf mich und vertraut. Wir können es kaum erwarten vom Herbst an in die gleiche Schule und die gleiche Klasse zu gehen.

Nachmittags fahren wir oft getrennt nach Hause, weil wir derzeit noch unterschiedlich Schulschluss haben. Längst finde ich mich in der U-Bahn allein zurecht. Vor dem Turm packe ich meinen Stock ein und lerne, trotz des Lärmes das Echo des Schnippens meiner Finger wiederzuentdecken und mich damit zu orientieren.

Seitdem ich so optimistisch und positiv drauf bin, lerne ich viel mehr Leute kennen, die mich in oder am Turm ansprechen. Sie öffnen mir die Tür, warten auf mich an der Ampel und sprechen mich mit Namen an.

Auch das verstärkt meine Freude am Leben, die Intensität, mit der ich alles erlebe, das Spiel mit dem Cello, die Liebe zu Ben – einfach alles.

Chrissy und das Lauftraining mit ihr geht auf Kosten der Stunden im Gemeinschaftsgarten. Ben begleitet uns oft zum Sportplatz, weil er zuschauen möchte, wie ich mich so mache. Er ist zum Coach meiner Selbstständigkeit geworden, kann ich so sagen. Wo ich noch zaudere, weiß er schon längst, dass ich es auch allein schaffen werde. Ob er mich so weit bringen will, dass ich auch ohne ihn leben könnte, habe ich ihn mal lachend gefragt. Das könne nicht geschehen, antwortete er. Er werde mir ganz sicher nicht zeigen, wie man die Lippen eines anderen Jungen findet... Er ist super süß, nicht wahr?

Heute höre ich von weitem, dass er mit Volker, dem Trainer, spricht. Als wir nach unseren Runden zur Besprechung zusammenkommen, ergreift der das Wort.

„Belinda, Chrissy! Wir haben vorhin über den Wettkampf im August gesprochen. Es gibt da ein Problem...“

„Nämlich?“

„Wenn ihr regulär teilnehmen wollt,“ fährt Volker fort, „...müsst ihr wohl oder übel auf getrennten Bahnen laufen. Nach den bestehenden Regeln dürft ihr nicht gemeinsam an einem Nicht-Behinderten-Wettkampf teilnehmen. Oder ihr müsst eben auf unterschiedlichen Bahnen laufen, wie alle Teilnehmer."

„Ihr müsst also euer Band so früh wie möglich zerschneiden, Ladies." Ben ist sehr bestimmt.

Eben das meine ich mit ‚Coach': er sagt nicht: ‚Schade, das war′s', sondern lässt keinen Zweifel erkennen, dass es klappen wird. Auch allein.

„Noch eines," fügt Volker hinzu. „Wie ihr wisst, wird vom Startblock gestartet. Die Startblöcke werden aber so weit voneinander gesetzt, dass auch die äußeren Bahnen exakt 400 Meter vor sich haben. Ihr könnt also nicht gemeinsam starten und wollt auch nicht gemeinsam ankommen..."

„Mist!" rutscht es sowohl aus mir als auch aus Chrissy heraus. Daran hatten wir nicht gedacht.

„Und nun?" frage ich an Ben gerichtet.

„Nun brauchen wir einen Plan, der auf Geräuschen basiert, der aber nicht von dem Lärm gestört werden kann, der von der Tribüne kommt."

„Headsets..." sagt Chrissy. „Solange wir auf einer Höhe laufen, kann ich dir Kommandos geben. Sollte ich aber versetzt vor dir laufen müssen, funktioniert das auch nicht. Du musst also die Anweisungen auch von außen bekommen können..."

„Von mir. Auf der Zielgeraden", schlägt Ben vor.

Volker mischt sich ein: „Kopfhörer sind eigentlich

verboten... Mit begründeten Kopfhöreren ist es wieder Behindertensport..."

„Wir müssen es aber trotzdem so machen. Das ist unsere einzige Chance", beschließt Chrissy.

Wir stimmen ihr zu.

Noch am selben Abend telefoniere ich mit meinem Vater, der die nötigen Scheine locker macht für die Ausrüstung. Er unterstützt alles, was mich selbstständiger macht... Gemeinsam mit Ben und Chrissy gehe ich in einen High-Tech-Laden in der Innenstadt. Wir werden mit allem, was wir brauchen, ausgestattet. Schultergurte kommen hinzu, um das kleine Funkgerät auch beim Laufen tragen zu können, ohne dass es behindert.

Für mich ist es ziemlich ungewohnt, so ohne einen anderen Körper zu spüren und wahrzunehmen, nur nach Anweisungen zu laufen. Ben macht sich einen Spaß daraus, mich als Marionette auf dem Sportplatz herumrennen zu lassen. Volker baut Stangen auf, durch die ich im Slalom hindurch gesteuert werde.

Ich weiß nicht, ob Du Dir das vorstellen kannst: wenn man sich darauf einlässt und volles Vertrauen zum anderen hat, reagiert man einerseits bald in wenigen Millisekunden auf einen Hinweis, andererseits gewinnt man aber auch ein Gespür für die Umgebung. Meine Geschwindigkeit im Labyrinth der Stangen wird immer größer und bald spurte ich um die Stangen herum, ohne sie zu berühren. Als wären sie gar nicht da. Vielleicht waren sie gar nicht da? Auf der Tartanbahn entwickele ich ebenfalls ein Gefühl für die Breite der Bahn und die Länge der Kurven. Es ist ein unglaubliches Gefühl der Freiheit, das ich verspüre, wenn ich absichtlich die Überschreitung der Linien provoziere, um meinen Coach etwas zu testen... Der merkt das nicht einmal, sondern nimmt seine Aufgabe gewissenhaft wahr.

Mein Ben erlaubt mir sogar, dass ich ihn meinerseits ein wenig durch die Gegend leite. Ich weiß ziemlich genau, wo der Wassergraben für den Hindernislauf steht und die Sandkuhlen für den Weitsprung, in die er brav hineintappt und sich lauthals beschwert. Ist sehr vertrauensbildend, so eine Headset-Allianz. Und mein Freund ist ein Supertyp, kein Zweifel.

Jedenfalls dauert es nicht lange, da trainieren Chrissy und ich ohne Leine nebeneinander nur noch mit Headset. Weil wir nur auf einer Seite einen Knopf im Ohr haben, werden wir die übrigen Geräusche noch wahrnehmen können. Vor allem den Startschuss... Bei dem Gedanken daran muss ich grimmig grinsen. Außerdem hoffen wir, das Kopfhörerverbot damit auszuhebeln, weil eigentlich nur Musik bei Langstrecken verboten ist, wie Volker herausfindet und nicht die Kopfhörer selbst.

Es ist schon Mitte Juni, als Volker Chrissy und mich

zu sich holt und sagt:

„Ihr seid jetzt ein Tandem; da habe ich keinen Zweifel mehr. Die Orientierung müsste klappen und die Kommunikation ist nach euren Angaben auch kein Problem mehr. Wir sollten jetzt damit beginnen, eure Leistungen gezielt zu steigern. Ab übermorgen beginnen hier die Besten des Bezirks mit ihren Wettkampfvorbereitungen. Ihr selbst werdet dabei nicht fehlen, nicht wahr?"

So genau wissen wir nicht, worauf er hinaus will. Aus unserer Warte trainieren wir doch schon hart genug. Er sieht es unseren Gesichtern an, dass wir ihn nicht ganz verstehen.

„Ok. Ich habe euch jetzt lange studiert und will euch einen Trainingsplan vorschlagen. Belinda," er wendet sich mir zu und legt seine Hand auf meine Schulter, „Du hast durch dein Turmlaufen perfekte Sprungmuskulatur und eine extrem gute Ausdauer; das wird es dir ermöglichen, auch am Ende der Bahn noch zuzusetzen. Deine Schnelligkeit ist jedoch am Anfang zu gering. Du explodierst am Start nicht, trotz deiner Kraft. Vielleicht wegen der letzten Unsicherheit, die aus deinem Nichtsehen resultiert. Aber da müssen wir ran und sie steigern. Dann bist du unschlagbar."

Er dreht sich zu Chrissy hinüber.

„Chrissy, du Titelverteidigerin, bei dir ist es fast umgekehrt. Deine Anfangsgeschwindigkeit ist hoch und macht wie im letzten Jahr einen guten Eindruck. Aber du bist am Ende fünf Sekunden langsamer auf hundert Meter als am Anfang. Auf der Zielgeraden werden sie dich deshalb abfangen. Gnadenlos. Vor allem Belinda." Er grinst hörbar. „Das Tandem wird Belinda auf die Zielgerade ziehen und dort wird sie dich stehen lassen. Auch wenn es dich schmerzt, Chrissy, wir müssen dich aufbauen, damit ihr eine gemeinsame Chance habt. Qualen, Schmerzen und Tränen warten auf dich, Champ, und die Sandweste auf dich, Champ."

Er macht eine Pause. „Ich mag euch, Mädels. Ich will euch beide siegen sehen, verstanden?"

Ich suche nach Chrissies Hand und finde sie. Als ich sie fest drücke, erwidert sie die Geste sanft. Wir werden gemeinsam siegen, soll das heißen. Tatsächlich denke ich erstmals daran, ihr nicht davon zu laufen auf der Zielgeraden.

„Ok. Schuhe aus und auf den Rasen..." Ben, mein Coach, verliert sein Amt und Volker übernimmt uns voll und ganz. Barfuß geht es auf den Rasen und in den Sand. Dutzende Steigerungsläufe, hunderte Starts, kontrollierte Sprints, Laktat- und nicht-Laktat-betonte Läufe. Volker versteht offensichtlich sein Handwerk. Chrissy ist längst mein Auge und ich gehorche ihr aufs Wort. Nur manchmal, wenn sie mir das Zeichen gibt, laufe ich allein über die Tatarnbahn. Auf den Geraden versuche ich die Spur zu halten, dann in den

Kurven. Ist sau schwer und gelingt eigentlich nicht richtig. Ist aber ja auch nicht nötig. Nervt mich trotzdem, dass es nicht klappt. Habe einen Linksdrall eingebaut und bekomme ihn nicht weg.

Eines Tages, nach einem heftigen, ermüdenden Training wende ich mich an Chrissy: „Kommst du mit auf meinen Turm? Die Sonne scheint so schön und ich möchte dir gerne mein Dach der Welt zeigen."

„Klar."

Wir rennen durchs Treppenhaus bis oben hin. Als wir oben sind, schnauft Chrissy, sie wisse jetzt, was Volker meinte...

„Hier steht ,Zugang verboten'!"

„Echt?" lache ich und öffne die Tür zum Dach der Welt.

„Wow!" ist das erste, was ich von ihr höre.

„Beschreibe mir die Welt von meinem Dach aus deiner Sicht, Chrissy, ja?" Ich nehme ihren Arm, um zu spüren, wohin sie zeigt. Als sie geendet hat, füge ich leise hinzu, dass für mich kein Horizont existiert, der meine Welt begrenzt; doch sei sie viel kleiner als Chrissies. Ich danke ihr dafür, dass sie sie für mich so vergrößere. Chrissy legt ihren Arm um meine Hüfte und sagt nichts. Da wage ich es, sie zu fragen, ob ich sie betrachten darf – und sie erlaubt es.

„Du bist sehr schön", sage ich zu ihr und spüre, dass

sie sich darüber freut. „Chrissy, ich möchte nicht mehr gegen dich laufen, nur noch mit dir."

„Ich möchte auch nicht mehr gegen dich laufen, Belinda; nur mit dir gemeinsam, solange ich kann", antwortet sie zärtlich, während sie mit ihrer rechten Hand sanft über mein Haar streicht.

„Aber wir werden es ihnen gemeinsam zeigen, nicht wahr? Wir, das Tandem."

„Das werden wir."

Symphonie

Du musst den Eindruck bekommen, ich hätte nichts anderes mehr im Sinn als das Laufen. Das stimmt natürlich nicht. Aber wenn ich alles immer so verwoben erzählen würde, wie es tagtäglich passiert, dann würdest Du bald nicht mehr durchblicken, wenn ich das mal so sagen darf.

Samstags jedenfalls gehen wir immer noch auf Geräuschesuche. Diese Suche ist inzwischen eine nach Straßenmusikern geworden. So haben wir eines Tages auch Vulcano kennen gelernt.

Zwischen Vulcano und mir hat sich eine besondere Beziehung entwickelt. Vulcano stammt von Cabo Verde, den Kapverdischen Inseln. Er spricht eine etwas schräge Variante des Brasilianischen, was ich aus seiner Sicht auch tue. Darüber haben wir gleich viel gelacht und eine gute Basis miteinander gefunden. Dem armen Ben bleibt nichts anderes übrig, als sich mit den beiden Kindern von Vulcano zu beschäftigen, während ich mit ihm lange Gespräche führe.

Vulcano spielt eine Marcação, die riesige Trommel, die Du schon aus meinem Sambatraum kennst. Passend zur Marcação hat er die Stimme des Bullen aus dem Traum. Und auch seine Statur. Er sitzt oft im Schatten an eine Hauswand gelehnt und lässt meine Hand nicht los, während wir miteinander sprechen.

Meine andere Hand liegt dann auf seinem Stiernakken, den sie nicht umfassen kann.

Er hat mir einmal gesagt, dass ich nicht blind sei, sondern alles Licht in mir versammelt habe. Deshalb könnte ich es nicht sehen. Ich sei aus diesem Grund die Göttin des Lichtes, die allein in der Lage ist, das Licht in den Herzen der Menschen entstehen zu lassen. ‚Deusa lucifica‘ nennt er mich, lichtentfaltende Göttin.

Zunächst glaubte ich, er wolle mich nur trösten, wie er es auch mit seinen Kindern tut. Doch ich hörte etwas in seiner Stimme, das sich nicht gelb, sondern rot anfühlte. Ich glaube, er ist etwas in mich verliebt. Und auch ich fühle mich zu ihm hingezogen, wenn auch anders als zu Ben. Neugier eher.

Jedenfalls stöhnt Ben heute schon, als ich ihm sage, wir müssten Vulcano suchen, um ihn zum Sommerfest in den Großstadtdschungel einzuladen...

„Olá, Deusa!“ empfängt mich Vulcano auch gleich und scheint Ben zu übersehen. Seine mächtige Stimme hat uns den Weg gewiesen. Als er mich so begrüßt, erröte ich, was er hoffentlich nicht sieht.

„Vulcano, wir möchten dich zum Sommerfest einladen. Ich hoffe, dass du kommen wirst. Ich will versuchen, Licht in den Herzen entstehen zu lassen. Doch nur mit dir kann es gelingen, dass die Menschen es aus ihren Herzen befreien und miteinander teilen. Wollen wir das versuchen?"

„Ja, ich will, Deusa."

Der feierliche Ernst in seiner Stimme berührt mich tief, sodass ich ihn in die Arme schließe. Zumindest versuche ich das: mein Kopf erreicht nicht sein Kinn, meine Arme umfassen seine Brust gerade so. Er streicht mir mit seiner riesigen Hand über das Haar und fragt, was ich vorhätte.

Ich erzähle ihm, dass mich Vanella aufgefordert hätte, Anfang August anlässlich des Sommerfestes ein Benefizkonzert zu organisieren. Mit dem Konzert solle im Stadtteil auf den Nachbarschaftsgarten aufmerksam gemacht werden, weil ein unbekannter Investor die Baulücke gekauft hätte, um darauf Wohnungen zu errichten. Der Garten wäre aber von großer Bedeutung für alle, die dort wohnten, weil er die Menschen zusammen bringe.

„Und du?" fragt Vulcano. „Welche Rolle spielst du?"

Ich schildere ihm, dass ich beabsichtige, mit meinem Vater eine Improvisation zu spielen, die in den Stimmungen der Versammelten ihren Anfang nimmt. Dann aber will ich in ihnen die ganze Fülle und Tiefe der Musik entstehen lassen, sodass sie alles um sich herum wie etwas Wunderbares wahrnehmen und sich für nichts anderes als die Erhaltung des Gartens einsetzen wollen, lange nachdem der letzte Ton verklungen ist.

„Du aber, lieber Freund, sollst dann, wenn sie schweigen und nicht wissen, wie sie mit dem Gehörten umgehen sollen, ihnen den Weg aufzeigen."

Wahrscheinlich nickt er.

„Hör mal, Deusa, wirst du auch für mich spielen?"

„Das werde ich tun, Vulcano. Du wirst wissen, wann es so weit ist."

Wieder erröte ich, wende mich verlegen ab und suche nach Ben.

Als wir allein sind, fragt mich Ben: „Was ist das mit dir und Vulcano, Belinda? Ich verstehe nicht eure Worte, aber ich sehe, dass du errötest. Und der Tonfall eurer Stimmen ist so weich, wie er es zwischen Verliebten ist. Ist es das?"

‚Er sieht wie ich', durchfährt es mich. Doch weiche ich ihm aus: „Ach, Ben, Vulcano ist doch uralt... Und du bist der einzige, den ich liebe..."

Ich nehme ihn in den Arm und küsse ihn auf die Wange. „Aber es ist etwas an ihm, was mich anzieht. Ich weiß es nicht zu benennen. Er tut mir wohl. Ich hoffe, dass dir das nichts ausmacht. Das will ich nicht."

Da ahne ich plötzlich, dass Vulcanos Kraft und Stärke, die Tiefe seiner Stimme und sein Interesse die

Frau in mir anspricht, die Ben vorher geweckt hat. Ben erahnt mein Gedanken sofort, wie ich seine geahnt hätte.

„War es das mit uns?" fragt mich Ben traurig. Er hat zweifellos meine feuchten Hände bemerkt und die Hitzewelle, die beim Gedanken an Vulcano aus meiner Haut ausbrach. Eine rote Welle, keine harmlose gelbe.

„Mann, Benni!" Ich bekomme einen panischen Schreck und versuche zu retten, was zu retten ist. „Das ist doch alles Quatsch! Er ist mindestens 15 Jahre älter als ich und könnte fast mein Vater sein! Mit dir ist es etwas ganz anderes!"

„Das fürchte ich ja, Belinda", antwortet er noch trauriger. Und da weiß ich auch nicht mehr, was ich sagen soll, und laufe stumm neben ihm her.

Als wir im Turm die Treppen hochsteigen, fasse ich mir ein Herz und frage ihn: „Bleibst du noch bei mir, Benni? Meine Mutter kommt erst spät nach Hause..."

Er zögert.

„Bitte! Ich spiele auch für dich."

„Ok", sagt er immer noch zögerlich.

Ich dachte wirklich, das würde etwas ändern, ehrlich. Doch als wir uns irgendwann unserem gemeinsamen Spiel hingeben, spüre ich plötzlich, dass ich meinen Ben mit dem anderen vergleiche, mit ihm im Kopf betrüge, auch wenn er so fern ist. Bei allem, was wir tun, stelle ich mir vor, wie es mit Vulcano wäre. Ich habe ein schlechtes Gewissen und hoffe nur, dass Ben es nicht bemerkt.

Wieder allein, horche ich in mich hinein. Versuche, mich zu verstehen. Allem, was geschehen ist, spüre ich nach und stelle mich meinen Gefühlen.

Ich erkenne, dass alle Farben in mir sind und sich alle immerfort miteinander mischen und wieder entmischen. Kühl kann ich denken und analysieren, was meinen Bauch verwirrt; zu verwirren scheint; nur scheint. Denn jetzt präpariere ich die Lust heraus und stehe zu ihr. Feuerdrachen! Wollte ich dich nicht reiten? Wie tut es gut, sich auf seinen Rücken zu schwingen und mit ihm durch die Wolken zu brechen in den freien Raum, wo die Gedanken fliegen können, ohne an Konventionen zu stoßen. Doch ebenso klar wird mir die Liebe bewusst! Ich lasse Vulcano zu, der die Lust in mir entzündet und das Begehren. Was für eine rote Wucht! Ich scheue mich nicht, sie in mir zur vollen Entfaltung kommen zu lassen und genieße es. Doch dann spüre ich meine Gefühle für Ben und kann sie zurecht Liebe nennen, die die Lust und das Begehren miteinschließt! Vulcano ist nur dann da, wenn ihn heraufbeschwöre. Ben hingegen erfüllt meine Gedanken in jedem Augenblick. Ich vermisse ihn jeden Moment, den er nicht da ist, wo ich bin. Ha! So muss die Liebe sein! Was für ein herrliches Leben. Welche Fülle das Schicksal für mich bereit hält!

Ich schreibe Ben hinunter, dass ich ihn liebe und nichts anderes wahr ist. Und dass kein anderer zwischen uns steht.

Noch bevor ich einschlafe, lasse ich mir seine Antwort vorlesen: dass es ihm nicht anders geht...

Wir laden alle Straßenmusiker ein, mit ihren Instrumenten zum Sommerfest bei uns aufzulaufen: Percussionisten, Gitarristen, Trommler, Geigenspieler, Trompeter, sogar eine Panflötenspielerin, ein Dudelsackpfeifer, Querflöten-, Mundharmonikaspieler, ein Bassist. Alle wollen kommen. Mit Vanella, die selbst Schlagzeug spielt, und Vulcano überlege ich, wie wir aus diesem Angebot eine Konzert-Show machen können. Bis auf Dudelsack und Mundharmonika können wir alles zu einem Orchester zusammenfassen. Die Harfe habe ich noch vergessen!

Vulcano haut mit der flachen Hand auf den Tisch aus einer Apfelsinenkiste und sagt; „Du wirst zuletzt spielen, Belinda, und alles andere wird sich ergeben. Wir planen nichts. Dann wird es am besten."

Wir stimmen ihm zu, weil alles ohnehin eine Improvisation sein soll.

Die Vorbereitungen für das Sommerfest nehmen viel Zeit in Anspruch. Für mich nicht so sehr, weil ich immer und immer wieder mit Cella übe. Auch eine Improvisation will geübt sein. Ich möchte Motive und

Sequenzen drauf haben, die meine Empfindungen von Farben, meinen wenigen Grundfarben, verständlich machen. Dazu muss ich den Gefühlen nachspüren und versuchen, sie in Töne zu kleiden. Es ist höllisch schwer, wenn Du mir das bitte glauben magst. Unsicher bin ich auch, wie das Zusammenspiel mit meinem Vater werden soll. Er kommt sonst in den Gedanken, die ich mir mache, eigentlich nicht vor.

Die anderen aber, so berichtet mir Ben, planen das Essen: was man noch so ernten wird und was man daraus machen kann: Salate, Brotaufstriche und so was. Grillen will nur Vulcano; die anderen stehen auf vegetarisch oder vegan. Ist mir und Ben recht.

Sie planen Tische und Sitzgelegenheiten. Vulcano fragt, ob es eine Beerdigung werden solle? Platz zum Tanzen bräuchte man, nicht zum Sitzen!

Ich mag Vulcano. Er ist fast ein Brasilianer.

Wenn ich das richtig höre, mag auch Vanella Vulcano. Aber Vulcano hat nur mich im Sinn, wie es scheint. Endlich haben wir auch erfahren, wo seine Frau ist. Sie ist bei der Geburt des zweiten Kindes gestorben. Deshalb hat er auch Cabo Verde verlassen. Muss schrecklich sein, seinen Partner zu verlieren. Immerhin sind ihm seine Kinder geblieben.

Ich hatte mich entschlossen, ihm zu sagen, dass nur Ben für mich zählt. Doch er erwiderte mir, dass sei ihm schon lange klar geworden. Doch wenn man sich auf den ersten Blick verliebe, sei es nicht so einfach, dies beiseite zu wischen.

Er solle offen sein und richtig hinhören, riet ich ihm, denn Vanella habe sich ihrerseits in ihn verliebt. Das habe er auch schon gesehen; doch was solle man gegen Gefühle tun, die nicht da sind?

Vanella lacht jedenfalls nur und bestimmt, dass also keine Tische und Stühle gebraucht werden. Aber wir müssten doch überlegen, wohin die vielen Musiker platziert werden sollten und wie die Bühne für mich und meinen Vater aufgestellt werden soll?

Vulcano höre ich nur sagen, sie solle ihm jetzt mal in die Augen schauen; was sie dort sehe?

Vanella tut´s, glaube ich, und sie sagt: „Ok, ok! Alles wird sich finden!" Er habe übrigens schöne Augen. Wie Belinda.

Also keine Bühne. Vulcano vereinfacht das Leben. Aber Essen müsse sein, sagt er. Ich glaube, ich würde den Typen gern mal betrachten. Nur mal so...

Und Trinken müsse auch sein, weil so viel getanzt würde.

Ich bin wirklich gespannt.

Der August ist schnell da. Chrissy hat versprochen, auch zum Fest zu kommen. Wir laufen schon richtig gute Zeiten und haben uns eine Strategie überlegt für das Rennen. Aber davon erzähle ich heute nicht, sondern bei anderer Gelegenheit. Heute bin ich schon total aufgeregt, weil mein erster größerer Auftritt bevorsteht.

Mein Vater ist gestern schon zuhause eingetroffen. Wir haben die Improvisation vorbesprochen, weil wir ja noch nie öffentlich zusammen gespielt haben. Wir wollen wie die Hummel von Rimski-Korsakov anfangen, um etwas reinzukommen, dann etwas von William Mathias hinzufügen und dann über Smetanas Moldau in die Improvisation gelangen. Das hat den Vorteil, dass die Zuhörer über die Lautmalereien unversehens dazu gebracht werden, Bilder im Kopf zu erzeugen, sagt mein Vater, und dann leichter in die Gefühlswelt eintauchen können und sie mit Farben verbinden, was ich ja will. Grün, Blau, Gelb und Rot will ich spielen und sie mitreißen.

Ben geht bei mir zuhause schon ein und aus. Ich finde es prima, wie meine Eltern ihn behandeln. Wie einen Sohn eigentlich. Sie lassen sogar zu, dass ich ihn umarme, wenn er neben mir am Tisch sitzt. Ich bin glücklich mit ihm, das darf ich sagen. Gestern hat er meinen Eltern erzählt, er sei durch mich ein anderer Mensch geworden. Viel optimistischer und mit viel mehr Freude am Leben. Ich bin ziemlich rot geworden, weit über orange hinaus.

Ach ja, gestern! Mit meiner Mutter habe ich mir für heute ein langes Kleid gekauft. Sie sagt, es sei rot, wie ich es mir gewünscht habe. Barfuß will ich gehen und ohne Schmuck, wie in meinem Traum. Meine Mutter hat mir das Kleid an den Seiten eingeschnitten und gesäumt. So kann ich es tragen und doch mit Cella spielen.

Er hoffe, er bekomme nicht wieder Probleme mit Vulcano, wenn der mich so sehe, sagte mir Ben. Mein Kleid sehe super sexy aus. Soll mir aber recht sein. Ich will so schön wie möglich sein für die Sehenden, damit sie mir Aufmerksamkeit schenken, zuhören und ich ihre Stimmung spüren kann.

Mit meiner Mutter takele ich mich auf, Ben und mein Vater müssen in der Küche warten. Mutter hat mir noch ein rotes Haarband zum Kleid gekauft. Vom Stoff her fühlt sich alles super an. Auch wenn ich laufe, spüre ich, wie die Schlitze an der Seite meine Beine zeitweilig frei geben und dann wieder einfangen. Der Stoff ist weich und passt zu mir. Er streichelt meine Beine, und das fühlt sich Spitze an. Oben ist das Kleid trägerlos, was für mich ungewohnt ist. Man hat etwas Angst, dass es ganz runterrutscht. Kann aber eigentlich nicht passieren, Du weißt schon, warum.

Kurz, ich finde mich schön.

„Belinda", fragt mich meine Mutter vorsichtig. „Darf ich dir eine Perlenkette deiner Großmutter geben? Sie würde sich so darüber freuen, wenn sie sie an dir sehen könnte."

Eigentlich wollte ich das nicht; aber ich habe auch kein richtiges Argument dagegen. Also nehme ich das Angebot an. Die Perlen sind schwer und kühl auf meiner Haut. Ihre Oberfläche ist gar nicht so glatt und weich wie ich gedacht hätte. Sind ja auch mehr als hundert Jahre alte Perlen.

Jetzt Tür auf zur Generalprobe. Ich gehe hinüber in die Küche und rufe meinen Männern zu: „Und? Gefalle ich euch?"

Den beiden ist ihre Verblüffung anzuhören.

„Ganz, ähem, passabel, Belinda," findet mein Vater zuerst die Worte.

„Belinda, Vulcano hatte recht, wenn er sagt ,Deusa lucifica'. Du strahlst wie die Sonne und sie erblasst neben dir."

Benni ist voll romantisch. Die Wahrheit liegt also zwischen ,passabel' und ,Göttin'...

„Also bin ich schön genug?" frage ich nochmals vorsichtshalber.

„Du bist nicht nur schön genug, Prinzessin, sondern deine äußere Schönheit entspricht deiner inneren..."

Mein Vater kann auch romantisch, stelle ich überrascht fest. Ich freue mich darüber.

„Also los!"

Es ist zwar ziemlich feist, aber wir fahren wegen der

184

langen Klamotten mit dem Taxi in den Großstadt-dschungel.

„Die Straße ist übervoll von Menschen, Herrschaf-ten, kann ich Sie hier schon raus lassen?" Der Taxi-fahrer ist erfreut, dass wir zustimmen.

Auf der Straße empfängt uns ein Stimmengewirr von, lass mich schätzen, mehr als hundert Menschen.

Aus dem Garten hört man eine Band. Die Hot Spots erkenne ich sie wieder. Die Show läuft schon drei Stunden, und wir sind natürlich nicht von Anfang an dabei. Da wäre ich zu nervös geworden.

Ben hakt mich ein, und wir gehen durch das Stim-mengewirr. Da ruft eine Stimme: „Mann, Angel, da bist du ja endlich!"

„Hej, Ahmed! Schön, dass du da bist!" antworte ich ihm.

„Alter, Angel, siehst du geil aus in dem Fetzen!" Ahmed ist ehrlich und das freut mich sehr.

„Gib mir deine Hand, Ahmed. Ich möchte dir dan-ken."

Er gibt mir seine Hand und fährt fort: „Mein Groß-vater ist ebenfalls hier, Angel."

„Wo denn? Herr Yussuf?"

„Entschuldige, Belinda, ich bin hier", antwortet die Stimme von Herrn Yussuf. „Ich habe dich sehen, vor allem aber hören wollen. Spielst du noch?"

„Oh ja, Herr Yussuf. Wir fangen erst später an. Darf

ich Ihnen meine Eltern vorstellen?"

„Sehr erfreut, Herr Yussuf. Meine Tochter hat schon viel von Ihnen erzählt", antwortet ihm meine Mutter.

„Oh, tatsächlich?"

„Ja. Sie und Ihr Enkel seien Ehrenmänner und sehr wichtig für den Kiez."

„Hm. Sie haben eine absolut außergewöhnliche Tochter."

„Meu deus do céu! Deusa lucifica! Que beleza!" Vulcano hat mich entdeckt. „Willst du meinen Tod, Schönheit? Wer hat dich so herausgeputzt? Ben, du bist ein Glückspilz, weil sie dich liebt und mich verschmäht! Was für eine Göttin!"

„Mann, Vulcano!" lache ich ihn an und freue mich hundertprozentig über seine Worte.

„Lindissima, lass mich nur einmal deinen Fuß, deine Hand berühren!" Vulcano scheint verzweifelt.

Ich reiche ihm nicht nur die Hand, sondern küsse ihn rechts und links auf die Wange.

„Meu deus, dürfte ich dich auf meinen Händen tragen, würde ich das tun. So aber werde ich deinen Auftritt begleiten."

„Warte, Vulcano!" Gerade habe ich Chrissy gehört.

Sie fällt mir in die Arme, und ich verliere Ben für einen Moment.

„Wie schön, dass du auch da bist, Chrissy!"

Meine Hand gleitet über ihren Rücken und ihren Po.

„Was hast du denn für Klamotten an? Schulter frei und Minirock – und das ist noch übertrieben!" Ich lache sie an. „Willst du mir Konkurrenz machen?"

„Liebste, das fällt heute schwer! Aber vielleicht kommt für mich ja auch ein Prinz vorbei? Wir Frauen sind ja wie Blüten: bricht die Knospe auf und erstrahlt in ihrer Schönheit, kommen viele Insekten geflogen, von denen vielleicht eines auch ein stattlicher Käfer ist; was meinst du?"

„Jedenfalls duftest du so intensiv, dass deine Chancen nicht schlecht stehen, Chrissy." Ich nehme noch einen tiefen Atemzug von ihr und will mich gerade wieder Ben zuwenden, als...

„Hat mich jemand gerufen, Schwester?" ...Ahmed auftaucht.

„Das ist Ahmed, Chrissy. Sieh dich vor, Liebste, ein gefährlicher Typ!"

Wir lachen, doch habe ich Ahmed längst am Ärmel gefasst und ihn Chrissy aufgedrängt.

„Ahmed, das ist Chrissy, meine Tandempartnerin."

„Tandem-was?"

Na, ich kann die beiden wohl allein lassen.

Ben ist wieder da und mein Vater auch.

„Vulcano? Bringst du uns bitte zu Vanella?"

„Claro. Wartet einen Augenblick."

Wenige Momente später ist er zurück. Wir haben noch immer nicht den Garten erreicht in diesem Gedränge.

„Nicht erschrecken," vernehme ich ihn. Dann dröhnt unvermittelt die Marcação neben mir so laut sie kann. Drei, vier, fünf Schläge, dann ist Ruhe in der Menge; auch der Straßenmusiker, der gerade mit Spielen an der Reihe war, schweigt.

„Ihr Freunde des Freundschaftsgartens Großstadtdschungel!" beginnt Vulcano gedehnt und in unvorstellbarer Lautstärke zu rufen. „Heißt mit mir willkommen die großartige, die unvorstellbare, die einzigartige Göttin des Lichtes, Deusa lucifica, Belinda Luz do Céu! Macht eine Gasse frei, um sie einzulassen und begrüßt sie, wie es ihr gebührt!"

Mit Urgewalt bahnt uns die Trommel den Weg durch die Menschen. An Bens Seite, hinter mir mein Vater, schreiten wir langsam durch einen Sturm des Applauses voran in die Tiefe des Gartens. ‚Als wenn die Leute uns schon kennen würden,‘ denke ich noch bei mir. Ben trägt mein Cello, mein Vater trägt seines selbst. Bis in den hinteren Teil des Gartens werden wir geleitet, dann begrüßt uns die vertraute Stimme Vanellas.

„Seht nur! Seht nur!" ruft sie begeistert aus. „Wie viele Leute unser Anliegen unterstützen!" Sie ist völlig begeistert. „Alles wird gut. Ich spüre es!"

Ich nehme sie in den Arm und raune nur für sie hörbar in ihr Ohr: „Yussuf ist hier. Das hat etwas zu bedeuten. Such ihn! Sprich mit ihm, Vanella."

Dann sind wir an dem Ort angelangt, an dem wir spielen sollen. Während wir unsere Instrumente stimmen, sorgt Vulcano für Ruhe. Vanella hält eine Rede.

Sie hebt die Bedeutung des Gartens für die Gemeinschaft im Viertel hervor; er sei ein Treffpunkt für Arm und Reich, Menschen unterschiedlichster Herkunft und Bildung. Sie zeigt auf, warum der Garten so wichtig ist und warum man unbedingt einen Weg finden müsse, mit dem neuen Eigentümer des Grundstückes zu verhandeln. Und ihm dadurch, dass so viele Unterstützer hierhergekommen seien, zu zeigen, welche zentrale Rolle er im Stadtteil spielt. Schon jetzt habe das Konzert hunderte Menschen aus dem ganzen Kiez versammelt. Und der Höhepunkt des Festes stünde jetzt bevor!

„Wir wollen nicht gehen!" ruft Vanella aus.

Vulcano intoniert diesen Satz auf seine Art und reißt die Menge so mit, dass sie ihn gemeinsam lautstark in den Himmel schreien.

Plötzlich macht eine Person, für mich in dem Trubel gerade noch so hörbar, auf sich aufmerksam, gefolgt von einer zweiten.

„Lasst ihn sprechen! Lasst Yussuf sprechen", höre

ich jemanden rufen.

Vanella bittet ihn zu sich und ich höre, dass beide auf ein Podest aus Paletten steigen.

Die Menge kommt zur Ruhe und Herr Yussuf ruft: „Meine Name ist Yussuf. Ich bin verwandt mit dem Investor, der dieses Grundstück gekauft hat."

Buh-Rufe kochen hoch, und Pfui wird gerufen.

Ben informiert mich über das, was vor uns abgeht. „Jetzt hebt Herr Yussuf beschwichtigend die Hände, Belinda."

„Gleich...", ruft Herr Yussuf unbeirrt, „...gleich werden wir Belinda hören mit ihrem Spiel. Sie hat meinen Enkel auf den rechten Weg gebracht. Sie ist ehrenhaft." Herr Yussuf macht nur kurze Sätze und Pausen zwischendurch. Seine feste Stimme fährt fort: „Ich garantiere, dass der Garten, für den sie spielt und für den sie sich einsetzt, erhalten bleibt, wie er ist. Ich bin Yussuf und so wird es geschehen."

Verblüfftes Schweigen umgibt uns.

„Herr Yussuf hat sich kurz verbeugt und kommt auf uns zu, Belinda."

„Belinda, spiele jetzt. Erwärme mit deinem Spiel mein Herz, wie es schon einmal deine Stimme getan hat, meine Tochter", höre ich Herrn Yussuf sagen.

Ich nicke zu ihm hin und sage: „Danke, Herr Yussuf. Ich danke Ihnen im Namen aller, für die dieser Garten wichtig ist."

Während mein Vater und ich uns auf unsere Stühle setzen, brandet Beifall für Herrn Yussuf auf, der kein Ende nehmen will. Wir nehmen unsere Celli zwischen die Beine und ich strecke die Hand nach meinem Vater aus. Er nimmt sie in seine und bedeutet mir, dass wir mit dem Spiel beginnen können.

Ich horche in die Menge hinein, deren Klatschen abebbt. Gruppen stehen zusammen, Stimmen reden aufgeregt durcheinander, lachen miteinander; immer wieder hört man Rufe, die voller Hoffnung sind, dass der Garten erhalten bleibt. Womöglich. Wer denn dieser Yussuf sei; ach so? Yussuf werde das schon richten; na, hoffentlich. „Hej, Angel, geht´s bald los? Die anderen stehen schon hinter dir und warten."

Da spüre ich, wie ich beginnen muss und setze den Bogen an; tief, weit und breit setze ich ihn an. Mit einem langen, tiefen Ton will ich beginnen. Doch Ahmed sieht es offenbar und beginnt laut rhythmisch zu rufen: „Jo, jo, jo, jo" und dabei klatscht er in die Hände. Doch ich will mich nicht auf ihn einlassen, grinse in seine Richtung und lasse Cella ihre eigenen Antwort finden: schrill in einer wilden Jagd von fetzenden Tönen überschütte ich Ahmeds Rufe, lache laut auf und jubele meine Freude über diesen Abend hinaus. Die allgemeine Aufmerksamkeit habe ich jedenfalls.

Noch in mein Lachen hinein strömt das Cello meines Vaters mit ruhigen, langen Wellen, die meinen Ausbruch einzufangen versuchen. Und während ich bereitwillig beginne, auf diesen Wellen zu surfen, stimmt der Bass hinter mir ein, die Harfe und alle Streicher folgen ihnen. Ich lasse mich auf sie ein und wir werden zum Wasser, zum Wind, der sanft weht und streichelt. So wehen wir durch den Großstadt-dschungel und umschmeicheln die Ohren und dringen schon jetzt bis zu dem einen oder anderen vor; so glaube ich es dem Mitsummen der vor mir Stehenden zu entnehmen. Das Summen verstärkt Cella jetzt und ich flüstere ihr zu, sie solle sich auf die Suche bege-ben. Das Summen wird zum Brummen zunächst, zum Flügelschlag vielleicht, es wird vielstimmig, zu einem Schwarm durch die anderen Stimmen, die sich an-schließen, Sirren trennt sich von gezupftem Stelzen vieler Beine, Tupfen wird erkennbar und zartes Flat-tern tritt hervor. Cella übernimmt in diesem Konzert jetzt die Führung, wird schneller, immer schneller, gefolgt vom Cello meines Vaters. Sie entwickelt sich zur klar erkennbaren Hummel und schickt sie auf ihren wilden Tanz von Blüte zu Blüte. Rasend schnell wogen jetzt die Töne auf und ab und die Melodie ist mitreißend, dann suchend, bisweilen taumelnd, wie die dicken Insekten auf ihrem geschäftigen Flug.

Plötzlich bedrängt mich Hummel eine andere, stupst mich und kopiert unseren Klang! Streitet mit mir um die Führung bei der Suche nach dem Honig! Cella entrinnt, eilt in brillantem Klang davon in eiligen Sequenzen und entweicht in die Ferne, die anderen weit hinter sich lassend.

Ruhig und gleichmäßig streicht der Bogen Cellas Saiten und heischt die Aufmerksamkeit derer, die eben noch auf das Insekt fokussiert waren. Sie öffnet die Musik der Weite der Landschaft und lässt jedes Detail aus dem Bewusstsein der Zuhörer entschwinden. Jetzt ist auch der letzte Streicher ihr gefolgt und ein Orchester der Stimmen entwickelt sich schwungvoll, aber ohne große Höhen und Tiefen zu einer hügeligen Landschaft, die sich vor, ja, in dem Hörer auftut.

Hier möchte Cella meine Farbe Grün vermitteln: geheimnisvoll, aus der Erde sprießend und in den Himmel strebend umwinden sich die Motive von Vater und Tochter, überlagern sich in anschwellendem Wohlklang, wechseln in Ober- und Mittelstimme, steigen hinauf und hinab, erfinden Variationen des Themas, umrahmt von der Beständigkeit der anderen Stimmen. Cellas Bogen aber schreitet auch hier voran und geht über in Wellen, Wogen und Wasser; transparente Töne werden vernehmbar, eine Melodie aus dem feinen Gewebe aller Instrumente, die ihr folgen; gesponnen, fließend, ausgewogen, bald temperamentvoll werdend, bald wieder getragen und weit.

Während ich spiele, horche ich auf die Menge: kein Ton ist zu hören von ihr; ergriffen folgt sie dem Spiel.

Da gefällt es mir, von Bekanntem ins Neue zu wechseln. Und während der Strom aller noch dahinfließt, unterbreche ich die Klangfolge abrupt, um sie einige Takte später wieder fortzusetzen. Ich beziehe die Geräusche der Autos auf der nahe gelegenen Straße und ihren Stopp vor der roten Ampel mit ein und erlaube ihren Rhythmus im Spiel. Gelächter erklingt und vereinzeltes Klatschen. Sie folgen mir und verstehen mich und sind bald bereit für den Blick in ihr Inneres... Doch zunächst versuchen die anderen Instrumente, bei mir zu bleiben; ich enteile, verwirre, löse los; da trappelt der Bass, eine Trompete mischt sich ein, die Stimmen des Großstadtdschungels in ihrer Vielfarbigkeit entstehen in eigenem Rhythmus, eigener Absicht, eigenem Willen. Niemand folgt mir mehr in diesem farbigen Bild, Melodiefetzen hört man und alle Musiker, die irgendwo im Garten anwesend sind, stimmen in dieses Konzert des Lebens, der Freiheit und ungezügelten Wünsche mit ein.

Die Menge klatscht Beifall, wieder höre ich Ahmed: „Angel, rap that shit!"

Alles steigert sich zum alles umfassenden Chaos ohne jede Ordnung, bis plötzlich die helle Pfeife einer brasilianischen Sambapfeife erklingt, gefolgt von drei mächtigen Schlägen der Marcação und einem Ruf meines Cantadors, der durch Mark und Bein dringt und auch dem letzten Gänsehaut erzeugt.

Sofort bricht jedes Geräusch zusammen und erwartungsvolle Ruhe stellt sich ein.

Nur einen Atemzug währt die Stille: dann setzt Cella einsam und allein mit einem dünnen und verlorenen Singen ein, endet und lässt durch ihre sanften, gezupften Saiten Schwermut erahnen, Verirrung vielleicht, jetzt Verdrossenheit. Sie sucht leise, stößt hier an, verebbt dort, holt tief Atem, um alle Traurigkeit aus sich heraus zu spielen, derer eine verlorene Cella fähig ist.

Ein zweites Cello nähert sich der melancholischen Cella, zögernd zunächst, endlich direkt, ja, nun marschierend nimmt es sich ihrer an; schwungvoll umgarnt es die neugierig werdende Cella. Beide Stimmen beschnuppern sich, nähern sich an und umkreisen sich nun. Die Melodie beider wird aufgewühlter, jedoch vorsichtig, leicht, jauchzend.

Ich höre Bens Ruf: „Belinda, ich liebe dich!" Das treibt mir Tränen in die Augen und gibt Cella einen kraftvollen Anstoß, an den Ort aufzusteigen, an dem sich Ben und ich kennen gelernt haben: auf das Dach der Welt.

Während das Cello meines Vaters schweigt, beschreibe ich das Blau in mir, das mit dem ersten Treffen zusammenhängt: die herrliche Kühle und Weite, Höhe und Klarheit dieses Momentes ist mit ihm verbunden. Mein Gefühl von Freiheit, Überlegtheit und grenzenloser Hoffnung. Blau ist der Plan über allem, der Himmel, unter dem sich alles entfalten kann, an das wir fest glauben und dem wir zuversichtlich folgen. In Blau setzen wir Hoffnung und Vertrauen. Menschen sind nicht blau, sondern Gedanken. So lasse ich diese Gedanken fliegen und Cella alle diesen durch ihre Stimme folgen.

Da durchzuckt mich die Erinnerung an das Dunkel, die Angst und die Panik, die jener Überfall in mir ausgelöst hatte. Cella heult schrill auf, grelle Missklänge schrecken auf, Dissonanzen und falsche Töne zeigen das Grauen jenes Tages, das niemand im Publikum so schnell nachvollziehen kann. Kein Instrument folgt Cella. Sie ist allein und verändert bedrohlich ihren Klang; Zorn und Wut lodern auf, alle Harmonie-zerstörenden Klänge greifen um sich, als Ahmed ruft: „Oooh, Angelicá...!"

Cella bricht ab. Verstummt. Viele Takte. Alles ist still, sprachlos, mundlos, atemlos, als eine kurzweilige, lustige Musik, die vergnügt daher kommt, vergibt und verzeiht.

Wieder ruft Ahmed dazwischen: „Oooh, Angelicá...!" doch diesmal hörbar erleichtert.

Cella beschreibt das Gelb, die Wärme von innen: keck kommt sie daher, dann packend. Vertrauen flößt sie ein, kräftiger möchte sie werden; die Stille, die sie jetzt vertreibt, könnte die vor dem Sturm sein! Vielleicht möchte sie aus vollem Hals über ihr Glück singen? Über ihr Glück möchte sie singen und ist nicht nur vergnügt, sondern wird zärtlich. Streicht mit dem

Bogen, wie ihr Geliebter über ihren Körper streicht und ihn zum Klingen bringt.

Alle Streicher stimmen wieder mit ein und ich weiß, dass Ben weiß, dass ich ihn in dem Moment spiele, in dem wir beide orange werden.

Das Thema der Liebe haben die Musiker alle erkannt und folgen mir ohne Probleme. Aber wieder will ich meine eigenen Wege gehen, weil es die Lust ist, die ich spielen will, und das Verlangen. Eine winzige Sequenz aus einem kapverdischen Song flechte ich ein. Das Orchester schleicht sich irritiert aus und da ist auch schon Vulcanos Stimme zu vernehmen: „Ich höre dich, Deusa lucifica!"

Mit Ernst und Temperament steige ich ein und lasse Cella Geheimnisse aufzeigen. Flüstern lasse ich sie, wie sie es in mir vorfindet; und stürmisch entwickele ich ein Crescendo des Wohlklangs, das sich in einen heißen Scirocco steigert.

Alle Instrumente, die es wagen, begleiten mich; die Musik wird mächtig in alles umfassender Ordnung. So beschreiben wir die Liebe und die Farbe, die ich als Rot empfinde, bis wir zu einem furiosen Abschluss gelangen.

Eine Sekunde nur schweigt alles, ahnt schon, dass es vorbei ist, um dann lautstark jubelnd in Applaus und Bravorufe auszubrechen.

Zwei Sekunden später wird alles übertönt durch Vulcanos Stimme und Trommel, der einen Samba anstimmt, wie er in Rio nicht besser hätte gesungen werden können. Alles, was etwas zu Trommeln oder zu Pfeifen hat, stimmt ein und verwandelt den Großstadtdschungel in ein Sambodrom.

Schon höre ich, wie sich die Menge, die immer noch applaudiert, in rhythmische Bewegung setzt und auf Vulcano einlässt.

Vulcano hat es geschafft. Er wird jetzt drei, vielleicht vier Stunden ohne Unterlass den Menschen zeigen, wieviel innere Wärme in ihnen steckt. So manches Pärchen wird rot werden heute Nacht.

Dann bin ich nicht mehr allein. Ben ist bei mir und umarmt mich; Chrissy ist da und Ahmed ebenfalls. Alle gratulieren mir und beglückwünschen mich oder küssen mich einfach so.

Ich aber frage in Bens Ohr, ob er meinen Vater sieht.

„Ich stehe hinter dir, meine Tochter."

Ich weiß nicht, was ich sagen soll. Als ich ihm um den Hals falle, bemerke ich, dass sein Gesicht feucht ist.

„Hast du geweint?" frage ich ihn in sein Ohr hinein.

„Ich bin so stolz auf dich, Prinzessin; ich hoffe, du kannst mir verzeihen."

Ich weiß, was er meint; alles ist längst vergessen.

„Eigentlich wollte ich dich ja batteln, weißt du? Aber du hast mich nur unterstützt und bist nie nach vorn geprescht...“

„Ich bin ein Symphoniker, Prinzessin. Wir nehmen uns zurück. Du aber bist eine einzigartige Solistin und musst es auch bleiben.“ Er drückt mich fest. „Aber nur in der Musik! Claro?“ Er lacht. „Jetzt wartet aber Ben auf dich. Ich gehe zu deiner Mutter hinunter, die in der Menge wartet.“

„Halt! Nimm mich mit! Ben?“

Bevor wir zu meiner Mutter gelangen, fängt mich noch Vanella ab.

„Es war fantastisch, Belinda! Unfassbar! Alles ist wie im Traum.“

Nachdem mich auch meine Mutter in den Arm genommen hat, beschließen wir zu gehen.

„Wo ist Vulcano genau?“ frage ich Ben. Er nimmt meine Hand und deutet auf ihn. Ich winke in Richtung Vulcano, der unvermittelt seinen Text ändert und ein unverschämtes Lied hinter mir her singt. Mein Vater und ich müssen über ihn lachen, sodass Ben fragt: „Was hat er jetzt wieder gesungen?“

„Nichts, Benni.“ Vater und ich prusten. „Er singt über eine saftige Tropenfrucht, die er heute gern genießen möchte...“

„Ej, Alter...“

„Was willst du, Ben? Willst du sie nicht genießen? Der eine träumt davon und muss darüber singen, der andere ist still und genießt sie. So ist das Leben."

„Was du nicht alles weißt, weise Deusa." Ben zwickt mich in den Allerwertesten. Ich sage Dir, langsam wird er etwas lockerer.

Achja, eines noch: Ahmed hat Chrissy gefragt, ob er mal mit zum Tandemlaufen kommen könne, der Käfer...

Freiheit

Das Sommerfest war einer der Meilensteine in diesem Jahr für mich. *Der* Meilenstein meines Lebens, wenn ich es mir recht überlege: Ben hat mich von meiner schwarzen Brille befreit und mich aus dem Turm geholt. Er hat mir einen immer größeren Aktionsradius verschafft, indem er mit mir in die Welt der Sehenden aufbrach und sie mit mir gemeinsam für mich eroberte. Ich verdanke ihm so viel.

Der Großstadtdschungel hat meine Musik befreit, die drohte, im Turm zum Klagelied zu verkommen. Hier traf ich Menschen, die sie hörten und mit mir in so vielfältige Wechselwirkungen traten.

Mein Vater befreite meine Musik aus dem Selbstversuch, dem Probieren und Verirren. Er gab mir Techniken, die meine Möglichkeiten ins Unermessliche steigerten. Das Sommerfest mit seiner wilden Performance aber befreite mich von allem, was noch an die Vorstellung von Ordnung gebunden war.

Ich entschloss mich, mit Cella HipHop zu spielen.

Das kam so: mir ging Ahmeds Zwischenruf nicht aus dem Kopf. Als er dann mit Chrissy wenige Tage später zum Training kam, unterhielten wir uns darüber, was er mit ‚rap that shit' gemeint habe.

„Angel", sagte er, „HipHop ist eine supercoole Version für das, was du da abziehst. Was du Grün, Gelb,

Rot und Blau nennst oder Erde, Luft, Feuer und Wasser, nennen wir HipHopper Breakdance, Rap, Graffiti und Djing."

„Wir ‚HipHopper‘, Ahmed?"

„Da habe ich auch gestaunt, als mir Ahmed das erzählt hat. Er ist Rap-Sänger in einer kleinen Band, die wir nicht auf der Straße gefunden haben", erläutert Chrissy. „Sie üben in einem Hinterhof in der Karl-Marx-Straße. Zum Kichern ist, dass da jede Menge Gartenzwerge stehen. HipHop vor einer Gartenzwergkolonie! Voll krass!" Chrissy gluckst.

„Was ist an den Zwergen Scheiße, Mann?" Ahmed ist gespielt ärgerlich. „Höchstens, dass sie so steif rumstehen... Komm mal vorbei, Angel!"

Jedenfalls ließ sich der Gedanke nicht mehr aus meinem Kopf verbannen, mehr über HipHop zu lernen. Klar, dass ich mich schon damit auseinandergesetzt hatte. Klar auch, dass mir der ursprüngliche HipHop mit seinem Aufruf zur Gewaltlosigkeit und zum gemeinsamen friedlichen Leben gefiel. Im Nachhinein blieb mir echt schleierhafter, warum mich damals Ahmed obwohl HipHopper gemeinsam mit den anderen überfiel... Tja. Vielleicht konnten wir ihn deswegen aus dieser miesen Szene retten.

Was wollte ich sagen?

Hm, ja. Vor dem Sommerfest glaubte ich, nicht zu

dieser HipHopper-Welt dazu gehören zu können. Mit meiner Cella. Jetzt jedoch besuchten Ben und ich nicht nur Ahmed und seine Gartenzwerge, sondern wir zogen auch durch die Bars und Straßen, die Ahmed empfohlen hatte, um HipHopper kennen zu lernen. Ich lernte schnell die Beats, Flows, das Scratchen, den Rhythmus und die Breaks, die jede Gruppe kompliziert und speziell versteht, in ihrem eigenen Stil zu entwickeln, einzuordnen und durchzuspielen.

Dann ging eigentlich alles ganz einfach.

Für die Beats sollte Vanella zuständig werden und natürlich Vulcano. Sie würden Schlagzeug und Percussion einbringen. Ein- bis viertaktige Sequenzen zu loopen, also immer wieder zu wiederholen, sollte nicht schwer sein für die beiden. Das Loopen würde so lange weitergeführt, wie ein Vers dauerte. Ich beschloss, Cella die Bassstimme bei den Beats zu geben. Auch den Flow zu spielen würde ich übernehmen, mit dem wir den Sänger in den Sprachrhythmus bringen würden. Schließlich sollten seine Worte über den Musikrhythmus fließen. Scratchen konnte Cella sehr gut, Rhythmusgefühl hatten wir alle und Breaks würden wir im Rahmen der Komposition setzen. Alles fein, also.

Was fehlte, war ein Sänger. Die Hauptperson.

Klar, dass wir an Ahmed dachten.

„Hör zu, Angel; es ist nicht so, dass ich nicht gern

für dich singen würde. Aber ich habe echt meine eigene Gruppe, oder nicht? Und was willst du schon für Texte unterbringen? Über Blinde und so? Das macht Blind C schon. Ich will ja nicht unverschämt sein, Angel; aber du hast doch echt keine Probleme, über die du unbedingt sprechen musst, oder?"

Das hatte gesessen. Das wurmte mich enorm. Hatte ich nicht genug Probleme? Aber hatte er nicht recht, dass ich mich schon längst von ihnen befreit hatte? Tatsächlich fiel mir drei Tage lang kein einziger Problem-Text ein, den ich hätte mitteilen wollen.

Blind C...? Kannte ich nicht.

Ich fragte Ben: „Darf man keinen Rap singen, wenn man glücklich ist?"

„Du schon, meine Kriegerin des Lichtes. Wir werden diese Blind C aufsuchen und hören, was sie zu sagen hat."

Ich freute mich über seinen unverwüstlichen Optimismus und fiel ihm um den Hals. „Du bist nicht nur mein Späher, sondern auch mein Leibwächter; ganz zu schweigen davon, dass du auch mein Liebhaber bist..." Ich biss ihm ins Ohr, bis er quietschte. Doch loslassen wollte er mich nicht dabei; mein Ben.

Wir beschlossen, als Einstand anlässlich meiner Einschulung in Bens Schule zu einem kleinen Fest in den Großstadtdschungel einzuladen. Bis dahin waren es noch vierzehn Tage. Falls wir bis dahin einen Sänger fanden, würden wir ein Rap-Konzert geben, ansonsten würde ich eben was anderes Schönes spielen.

Schön wird es in jedem Fall werden, denn meine Glückssträhne hält noch immer an.

Für die Schule gibt es nicht so viel zu erledigen. Meine alte Schule hatte mir im Juli schon viel Glück gewünscht. Wunderbar ist, dass zwei der ‚Hühner‘ ebenfalls die Schule mit wechseln dürfen. Unsere Mitschüler waren neidisch auf uns oder bewunderten unseren Mut. Aber worin sollte dieser Mut bestehen? In der neuen Schule würden wir das Gleiche lernen müssen wie die Sehenden; nur die Lernmittel werden andere sein. Braille-Schrift- Bücher und so etwas. Für die Lehrer ist die Herausforderung viel größer: sie können nicht einfach sagen, so, wir haben Mathe, schaut mal die Formel da an der Tafel und rechnet sie nach... Aber die ersten Gespräche mit ihnen verliefen gut und alle freuen sich auf die gemeinsam unterrichtete Klasse. Sorgen mache ich mir absolut keine. Zur Not habe ich ja noch Ben. Vielleicht teile ich ihn sogar ein klitzekleines Bisschen mit den Hühnern, wenn sie nett fragen.

Also, eigentlich wollte ich von den Vorbereitungen auf die nächste Großaktion des Jahres berichten: die Laufmeisterschaften, die ebenfalls vor der Tür stehen.

Im Lauftraining müssen wir, wie gesagt, vor allem einen Weg finden, beim Laufen nicht die Bahn zu verlassen. Das ist besonders schwierig, weil wir in der Kurve starten. Wie immer werden wir links herum laufen. Ist Dir vielleicht noch nie bewusst geworden, für mich ist es aber sehr wichtig. Ich weiß von mir, wie stark mein Linksdrall sein wird. Es wird von besonderer Bedeutung sein, von Chrissy genau mitzubekommen, wann ich etwas weiter nach rechts laufen muss, um richtig in der Spur zu bleiben.

In den Vorläufen des Wettkampfes müssen wir dafür sorgen, gemeinsam zu siegen, wobei sie etwas langsamer sein muss. Sonst kann ich im entscheidenden Lauf nicht vor ihr starten und sie mir keine Anweisungen zurufen. Wird schwierig und ist eigentlich eine Zumutung für die Titelverteidigerin im Bezirk. Aber Chrissy ist eine echte Tandempartnerin, die es schon jetzt über alle Maßen zu loben gilt. Im Behindertensport sind die Tandempartner das Ein und Alles, eine Seele für die Behinderten – doch bekommen oft keine Medaille. Das ist eine Sauerei.

Wir trainieren jedenfalls Starts bis zum Erbrechen und Chrissy übt ihre Kommandos bis zum Versagen der Stimme. Ich werde für sie eine Musik erdenken, die Cella fordern wird; das verspreche ich ihr aber heimlich.

Mit Volker gemeinsam besprechen wir, dass ich nicht wie alle anderen an die Seitenlinie heranlaufen sollte, sondern lieber immer in der Mitte der Bahn bleibe. Das macht am Ende eine über 2 Meter längere Strecke. Die Bahn ist 1,22 Meter breit und ist von der nächsten 20 Zentimeter getrennt. Der Kurvenversatz beträgt beim Starten 7,67 Meter. Alles kann nur klappen, wenn Chrissy hinter mir startet und bis zur 250 Metermarke hinter mir bleibt. Ich muss also mein Stehvermögen am Ende riskieren durch übertrieben hohe Geschwindigkeit am Anfang.

Volker sagt, ich sei ein Experiment; er wolle aber in jedem Fall Chrissy durchbringen. Das bedeutet, das Trainingsprogramm wird auf Chrissy ausgerichtet und ich muss mich einfügen. Ich finde das fair, weil sie sonst ‚nur' Tandempartnerin wäre. Allerdings attestiert mir Volker immer wieder eine unfassbare Ausdauer. Das Dach der Welt ist ja auch eines, was sehr weit oben liegt...

Wir müssen also ganz genau aufeinander getaktet sein, nicht nur fitnessmäßig, sondern auch von Seiten der Bestzeiten her. Mein 200m-Wert liegt bei 26 Sekunden und bei 56 Sekunden auf 400m. Bei Chrissy liegen diese Werte bei 25/57 Sekunden. Das ist ein Problem: sie kann mich nicht korrigieren, wenn sie mir anfangs davon zieht, und ich kann nicht aufholen, weil ich nicht weiß, wo es lang geht.

Also stellen wir Ben bei 100m und Ahmed, der glücklicherweise mitmacht, mit Headset bei 300m auf. In den Übungsläufen klappt alles bereits recht gut.

Verständigung gut, Fehler gering, Ziel unter 60sec erreicht. Volker zufrieden.

Du weißt schon, dass mein Vater spendabel ist. Da er neuerdings viel zuhause ist, verfolgt er das schwierige Unterfangen auf der Tartanbahn. Er beobachtet auch die Konkurrenten und entdeckt, dass einige mit Spikes laufen, andere wie wir nicht. „Jeder wie er es sich leisten kann", sagt Volker. „Aber die Mädels sind doch die Besten."

„Und wenn sie so kurz vorher noch Spikes bekämen?"

„Volker grinst über beide Backen", flüstert mir Ben zu.

Am nächsten Tag haben wir also Spikes. Mann, wenn Du noch nie mit Spikes gelaufen bist, dann kauf Dir vorher Flügel. Einfach irre: keine Angst vorm Ausrutschen mehr, griffig, sensationell. Wir sind begeistert und steigern nochmals unsere Anstrengungen. Die Einschulung wird zur Nebensache; wir vertrösten alle auf die Zeit ‚danach'.

Dann ist der Tag des Sportfestes da. Es herrscht ein großer Trubel, doch wir bleiben so lange wie möglich in der Umkleide.

Es gibt vier Vorläufe, einer davon mit uns.

„Die Kampfrichter gucken verdutzt", berichtet mir Chrissy. „Sie wissen nicht recht, was sie tun sollen...

Aber Volker sagt, es solle keine Sonderbehandlung für mich geben. Das hat sie beruhigt. Allerdings schauen sie sehr skeptisch auf die Headsets."

Gut. Wir also auf unsere erste Runde. Lohnt sich nicht, groß davon zu berichten. Alles Zeiten über 65 Sekunden, nur unsere weit darunter. Keine Konkurrenz, aber ein guter Probelauf. Alle sind auf dem Posten, Volker gibt die Zeit der anderen Vorläufe durch. In einem anderen Lauf war eine Läuferin 57 Sekunden schnell. Die ist sehr ernst zu nehmen. Unser Plan geht auf: Chrissy startet Bahn zwei, ich Bahn drei. Damit wird sie bis zirka 200m lang hinter mir bleiben, sodass mich die Jungs übernehmen können.

Der Endlauf verzögert sich. Die bislang schnellste Läuferin hat Klage eingereicht, weil wir unerlaubt Headsets trügen. Plötzlich bricht eine große Nervosität über mich herein.

„Musik ist verboten"; erklärt der Wettkampfleiter.

„Es handelt sich um ein Kommunikationssystem zwischen den Mädels", kämpft Volker für uns. „Die Beschwerdeführerin wird ja wohl keine Angst haben, von einer völlig blinden Läuferin geschlagen zu werden, oder?"

Tatsächlich zieht sie ihre Beschwerde zurück. Ich bedanke mich bei ihr, doch sie antwortet nicht.

Dann geht es endlich an den Start. Inzwischen hat es im Stadion die Runde gemacht, dass ich nicht sehe,

und ein Raunen ist hörbar, ein Schwatzen und Murmeln. Meine Nervosität steigt noch weiter. Chrissy
hüpft neben mir auf und ab und legt beruhigend ihre
Hand auf meinen Arm. Sie führt mich zum Startblock
und geht zu ihrem zurück.

„Sprechprobe. Alles ok? Hallo?" Knackt so komisch, das Ding.

„Alles ok."

„Ben?"

„Ok."

„Ahmed?"

„Ok."

Ich hole tief Atem, atme aus, höre das Kommando,
erhebe mich für den Start, Schuss.

Wie hundertmal geübt schieße ich los und lege mich
wie hundertmal gespürt in die Kurve. Ich höre vor mir
die Läuferinnen davonziehen, hinter mir Chrissy auf-
laufen. Keine Anweisung aus dem Headset.

Chrissy schreit: „Bist allein! Kaputt!"

Ich bin allein.

Eine Hundertstelsekunde, um das zu begreifen. Eine
Hundertstelsekunde scheine ich im Raum zu schweben ohne Orientierung, ohne Halt, in größter Verzweiflung. Eine weitere Hundertstel später – mein Fuß
ist noch nicht wieder auf dem Boden – packt mich ein
eiskalter Mut. Ich höre wieder alle Läuferinnen um
mich herum und vor mir eilen. Ich muss nur zwischen

meinen Nachbarn bleiben!

Lang streckt sich mein Körper, hoch heben sich die Knie, kraftvoll greifen die Spikes in den Boden. Mein Glücksgefühl kommt zurück und der Schreck ist überwunden. Meine Füße reiße ich so hoch, als müsste ich vier Stufen auf einmal nehmen. Meine Arme treiben mich voran.

Schon habe ich leichtfüßig meine Nachbarin zur Rechten eingeholt. Es ist die mit der besten Vorrundenzeit, und ich beschließe, neben ihr zu bleiben, es sei denn, ich werde von links überholt.

Auf der ersten Geraden höre ich, dass rechts neben der Besten jemand aufholt. „Schneller!" kreische ich ihr zu, doch sie versucht bereits, einen Zahn zuzulegen.

Da schließt in der nächsten Kurve Chrissy auf, und ich muss höllisch aufpassen, nicht zu weit links zu laufen. Schneller muss ich werden, weil Chrissy gleich drei Meter geschenkt bekommt durch die letzte Kurve!

Dann geht es auf die Zielgerade. Chrissy ist neben mir, rechts niemand mehr vor mir.

„Lauf!" schreit Chrissy – und ich laufe.

Ich befreie mich von der Schwerkraft, von allem, was mich je eingeengt, behindert hat. Meine Füße berühren den Boden nicht mehr, ich jage, ich fliege dahin. Ich atme nicht mehr, ich lache schon alle Freude heraus, als ich Ben brüllen höre: „Du bist drin!"

Da höre ich auch Chrissy eintreffen und die anderen, laufe aus, falle in Bens Arme, spüre Chrissy hinzukommen und Ahmed ebenfalls. Wir springen wie die Verrückten im Kreis herum, die Arme auf den Schultern des anderen. Wir feiern unseren Sieg. 53 Sekunden! Mein persönlicher Rekord.

Doch eben feiern wir noch, als Volker zu uns kommt und uns zunächst beglückwünscht. „Belinda, meine Hochachtung, ehrlich. Du bist gelaufen wie keine zweite. Doch disqualifiziert haben sie dich trotzdem. Tut mir leid. Aber zum Schluss hast du die Bahn verlassen..."

Tatsächlich bin ich, weil ich bloß nicht links übertreten wollte, voll nach rechts hinüber gelaufen und habe dann kurz vor dem Ziel noch drei Bahnen gequert.

Ehrlich? Die Disquali ist mir scheißegal. Ich hab´s geschafft und bin die 400m gerannt schneller als die Schnellsten.

Als Chrissy die Goldmedaille bekommt, freue ich mich mit ihr. Sie holt mich aufs Podest und teilt mit mir den Sieg. Das finde ich auch nur gerecht. „Schließlich habe ich dich fast hundert Meter hinter mir hergezogen!" lache ich in ihr Ohr.

Die Silbermedaillengewinnerin kommt zu mir und klopft mir auf die Schultern. „Respekt, Belinda."

Licht

„Du bist also Blind C, die Hiphop-Sängerin?"

„Und du Belinda, die Cellistin?"

Wir sehen uns nicht.

„Scheiß Schicksal...", lachen wir beide und haben uns endlich getroffen. Wir geben uns Küsschen links und rechts, obwohl man sich eben erst kennen gelernt hat. Ben hat sie für mich gefunden und unser Treffen vereinbart. Klar, dass wir uns im Großstadtdschungel treffen. Ben verschwindet im Garten, und wir sind allein.

„Du hast mal gesehen, stimmt′s?"

„Hmhm."

Sie scheint nicht gesprächig.

„Ahmed sagt, du würdest über die Blindheit singen?"

„Hmhm."

Sie geht mir plötzlich leicht auf die Nerven. „Warum bist du gekommen, wenn du nicht mit mir sprechen willst?"

„Weil es mich an die beschissenste Zeit meines Lebens erinnert."

„Das ist also nicht die Zeit, in der du schon blind warst?"

„Nein, es war die Zeit der Dämmerung."

„Dämmerung?"

Blind C rappt so leise, dass wohl nur ich es hören kann:

„Ich spüre wie die Flamme

tief und tiefer bis nach unten brennt,

unaufhaltsam sich verzehrt

und keine Hoffnung kennt.

Das Licht sich schwach

am schwarzen Docht

schon mit der Dämm´rung mischt,

nach schwachem Flackern

für mich

für dich?

für uns?

für immer

ganz

erlischt."

„Wow."

„Ist ein bisschen überarbeitet; aus den Vierzigern von einem Poisel oder so. Habe ich vergessen. Ich rappe alte Rapsongs, von denen noch keiner wusste, dass Hiphop die Lösung gewesen wäre, die Gefühle der Songs zu transportieren..."

Ich bin stark beeindruckt. „Was bedeutet Blind C?"

„In meinem ersten Leben hieß ich Carola... Aber Carola hatte ein Bild im Spiegel. Blind C hat nur die

Erinnerung an sich aus jener Zeit. Hat den Vorteil, dass man nicht altert." Sie lacht so rauchig wie Vanella. Die hat übrigens aufgehört zu rauchen, nachdem ich ihr gesagt habe, ihr Duft würde durch den Qualm überlagert. Und Vulcano stünde nicht auf Raucherinnen.

„Erzähl mir vom Licht, Carola!"

„Nenn mich nicht noch mal so, sonst gehe ich, klar? Carola ist tot. Hat sich vor Angst vor der Dunkelheit in Blind C verwandelt."

„Was ist Dunkelheit?"

„Hm. Du siehst nur Dunkel, Schwarz."

„Ich sehe nichts. Ich sah niemals etwas. Ich kenne keine Dunkelheit. Ich höre nur, dass es die Abwesenheit von Licht ist. Aber das sind nur Worte ohne Bedeutung für mich."

„Scheiße. Dann bist du blinder als blind, stimmt´s? Ohne Erinnerung an Licht und Farben? Das tut mir leid für dich."

„Jetzt hör mal bitte mit diesem nervig mitleidigen Gelaber auf. Sonst gehe ich nämlich."

„Ok, Schwester. Mir dämmert´s langsam, dass du eine Form finden möchtest, um mit deiner Blindheit fertig zu werden."

„Du bist es eher, die damit fertig werden muss. Ich meinerseits versuche sie zu verstehen. Ich würde lediglich gern wissen, ob mir wirklich etwas Entscheidendes fehlt oder ob ich es durch das, was ich habe, ausgleichen kann."

„Mann, Belinda. Wir sollten das Gespräch beenden. In deinem eigenen Interesse. Ich will dich nicht zu mir runterziehen. Sonst zerstöre ich zuviel mit dem, was du eigentlich nicht wissen willst."

Sie verunsichert mich mit dem, was sie sagt. Warum sollte ich mich weiter mit dem Licht beschäftigen?

In diesem Moment höre ich Vanella kommen. Erkenne sie am Schritt.

„Vanella, woher kommt das Licht?" rufe ich ihr in übertriebener Leichtigkeit zu.

„Aus dem Osten!" erwidert sie trocken und lacht.

„Genau!" höre ich Ahmed zustimmen, der mit Chrissy im Schlepptau angeschlappt kommt. Ahmed und Chrissy tragen Slipper, und sie hat längere Schritte als er.

Alle machen sich miteinander bekannt, die sich noch nicht kennen gelernt hatten.

„Joh, Blind C!" Ahmed begrüßt seine Kollegin.

„Joh, Ahmed. Was geht?" Sie fragt, ohne es wirklich wissen zu wollen.

„Leute, ich habe das Licht verloren – aber Belinda möchte das Licht gewinnen, ohne Augen dafür zu haben. Ist das nicht voll stupid?

Der, der sich nach Licht so sehnt,

allein dadurch schon nicht lichtlos ist,

weil Sehnsucht selbst ein Licht sein kann.

Aber das kann sie nicht wirklich trösten, nicht wahr, Belinda? Wie also sprechen wir mit ihr über das Licht, was ihr so fern bleiben wird wie einem Maulwurf der Himmel?"

Blind C stellt sich auf die Seite der Sehenden, der Wissenden, der Lichtgestalten. Ich dagegen komme mir plötzlich saublöd vor. Als hätte ich gar kein Recht, mich mit dem Licht zu beschäftigen.

Ich spüre einen starken Sog nach unten, in einen Strudel hinein, der mich in tiefes Wasser zieht, mir den Atem verdrängt, mich zu ersticken versucht.

Ich ringe nach Luft, will weg, so schnell wie möglich. Ich rufe Ben, der gleich bei mir ist. Wir fliehen in mein Zimmer. Ich ziehe Ben so fest an mich, so sehr ich nur kann. Heule wie ich schon ewig nicht mehr geheult habe und lasse ihn in der Unsicherheit allein, was meinen Heulkrampf ausgelöst hat.

Ich weine drei Tage und Nächte und falle auseinander: meine Teile versinken bis hinunter auf den Meeresgrund, auf dem kein Licht und kein Geräusch sein soll. Esse nichts mehr, lasse mich von meiner Mutter verleugnen. Verpasse Tage in der neuen Schule. Mutter lässt Ben zu mir und ich heule weiter.

Ben sagt: „Verlasse mich nicht, Belinda. Bitte besinne dich auf alles, was in diesem Jahr schon geschehen ist." Ich drehe mich nur zur Wand.

Ben flüstert: „Merkst du nicht, dass du dich aufgibst? Dass das aber nicht sein darf, weil wir uns brauchen? Du bist mein Ohr, ich bin dein Auge. Unsere Lippen aber gehören uns beiden gemeinsam..."

Ich heule noch lauter und kreische: „Geh! Lass mich allein!"

Ich will aufs Dach der Welt und ausprobieren, wie ein Vogel zu fliegen. Ein Abgrund existiert nicht für mich. Warum sollte ich an ihn glauben, nur weil mir davon berichtet wurde? Ich werde fliegen bis nach ganz unten!

Ben geht nicht, sondern nimmt mich in den Arm, obwohl ich mich wehre. So sitzen wir Stunden. Er flüstert mir unentwegt liebe Worte ins Ohr.

Er rettet mich. Nicht Cella. Ben.

Er sammelt alle meine Teile ein und setzt sie auf dem Meeresgrund zusammen. Er zieht mich langsam an einem seidenen Faden aus der Tiefe.

Er geht nicht zur Schule, und ich höre die Mütter miteinander telefonieren.

Als nur noch wenige Meter bis zur Oberfläche fehlen, stelle ich ihm eine grauenhafte Frage: „Ben, wenn du mir dein Augenlicht geben könntest und selbst deines dafür aufgeben müsstest: würdest du das für mich tun?"

Ich muss das wissen, um verstehen zu können, wie

schwerwiegend der Verlust ist, den ich erlitten habe. Doch Ben antwortet ohne zu überlegen:

„Wenn ich dich nur weiterhin ertasten und fühlen könnte, so würde ich keine Minute zögern, mit dir zu tauschen. Denn da wir zusammengehören, bliebe alles beim alten."

Er zieht mich ans Ufer, trocknet die letzten Tränen und sagt: „Spiele für mich."

Da hole ich Cella hervor.

Da muss ich sie erst einmal gründlich stimmen, so lange habe ich nicht auf ihr gespielt.

Da spiele ich für Ben ein Liebeslied, wie mir noch keines geglückt ist.

Meine Mutter und mein Vater kommen ins Zimmer, küssen uns beide, und Mutter sagt: „Kommt essen."

Auch wenn ich von meiner Rettung sprechen kann, so bin ich innerlich noch nicht völlig wieder hergestellt. Ich bitte Ben, Vulcano aufsuchen zu können, um mit ihm darüber zu sprechen, warum er mich ,Lichtmacherin' genannt hat.

Vulcano geht hart mit mir ins Gericht. Er schimpft, ich hätte mich wie eine törichte Heulsuse verhalten und nicht wie eine selbstständige junge Frau, Cellistin und 400m-Läuferin, die schier Unmögliches geschafft habe, was andere nicht einmal zu denken versuchten.

Er lobt Ben, als er hört, was er für mich getan habe;

kein anderer habe so treu zu mir gehalten. Dann wendet er sich meiner Frage zu:

„Klar, dass dich Licht umgibt in Hülle und Fülle! Spürst du es plötzlich nicht mehr? Was soll also deine Verzweiflung?

Du hast deine Farben beschrieben, wie es nicht besser ging! Du hast aus ihnen das Licht zusammengesetzt und ihre Wirkungen erkannt, wie es nur wenigen überhaupt gelingt. Du brauchtest sie dazu nicht einmal zu sehen. Du hast verstanden, dass deine Farben, dass dein Licht in uns allen ist. Was hätte sich Old Malvida gefreut, hätte sie dich erleben können. Ihr Motto war:

In dir glimmt ein Funken

vom ewigen Licht,

Das nicht das Auge sieht,

doch unsere fein´ren Sinne spüren.

Ihm Leben einzuhauchen

und zur Flamme anzuschüren,

Sie zu entwickeln

und zu hüten,

ist uns´rer Herzen Pflicht.

Sie soll am Grunde

unseres Wesens scheinen

Und in Liebe uns vereinen.

Höre, was ich dir sage, Deusa: das Licht enthüllt nicht die Eigenschaften der Körper. Die Körper enthüllen die Eigenschaften des Lichtes. Du bedurftest nie des Sehens, um die Eigenschaften des Lichtes zu studieren, weil dein Blick auf dein inneres Licht gerichtet war. Dort aber hast du die Eigenschaft des Lichtes, Gefühle zu erzeugen, versammelt und hast einen Weg gefunden, die Wirkungen, die das Licht hervorruft, über deine Musik mitzuteilen. Du bist deshalb nichts anderes als eine Meisterin des Lichtspiels und eine Lichtmacherin.

Du entfachst nicht nur das innere Licht in den Menschen, sondern verbindest sie mit deinem Strahlen. Du erinnerst die Menschen daran, dass ein Licht, das nur für sich selbst leuchtet, Finsternis gleichkommt, weil es keiner sieht.

Deusa, ich sage dir ein Letztes: lass deine Musik auch in Zukunft Licht erzeugen und bekämpfe die Finsternis. So bleibst du eine Kriegerin des Lichtes."

„Du bist ein wahrer Freund, Vulcano."

Ich komme wieder in die Spur. Meine Tage laufen wieder geregelt ab. Nur mein HipHop-Projekt gebe ich erst einmal auf. Bin aber weiterhin bereit dazu, falls Blind C mal fragen sollte. Um mich aufzubauen, spiele ich jetzt Heavy Metal wie Tina Guo, die ich hoffentlich mal kennen lerne. Ich habe ein E-Cello bekommen, aus dem in diesen Momenten eine schier unfassbare Kraft strömt und mich wie Blitz und Donnerschlag durchfließt. Ein Spiel, ein Bogen, sage ich nur.

Mein Lauftraining mit Chrissy scheitert an Ahmed. Das habe ich jetzt davon, sie verkuppelt zu haben. Sie zieht nur noch mit ihm herum und will nichts mehr vom Laufen wissen. Ich selbst möchte gern auf die mittleren Distanzen gehen, wo der Spaß länger dauert als 53 Sekunden. Auf 3000 oder 5000 Meter vielleicht. Dazu suche ich mir nächstes jahr eine neue Partnerin.

„Nimm doch mich!" sagt Ben leichtfertig.

„Ja, warum nicht?" antworte ich ihm voller Freude über seinen Mut. Jetzt ist er im Wort.

In der Schule bin ich endlich angekommen und natürlich haben wir ein Konzert gegeben. Die Schulwege mit Ben genieße ich jeden Tag aufs Neue. Ben ist ein Teil von mir geworden.

So hätte es eigentlich immer weitergehen können. Doch dieses Jahr hat es in sich.

Es hat mich heute neuerlich in eine ungeheure Herausforderung gestürzt.

Heute nämlich war ich, wie zweimal im Jahr, beim Augenarzt. Wie immer fragte ich ihn: „Na, Herr Behrens, Augenlicht in Aussicht?" Doch statt wie immer zu antworten, leider nicht, Belinda, sagte er heute: „Wenn du willst, Belinda, können wir es versuchen."

„Waaas?"

„Ich kenne dich, seit du geboren wurdest; das weißt

du. Damals, bei deiner Geburt, hörten die Zellen, die deine Netzhaut hätten bilden sollen, irgendwann auf zu wachsen. Alles in deinem Auge ist in Ordnung, nur die Netzhaut ist unvollständig. Es hat viele Jahre der Forschung und Entwicklung gedauert, doch jetzt ist eine neue Methode einsatzbereit. Wir könnten Stammzellen in dein Auge pflanzen und darauf hoffen, dass deine Netzhaut sich so bildet, wie sie es damals hätte tun sollen. Theoretisch müsstest du dann etwas sehen können..."

Mir versagt alles, ehrlich: mein Mund steht auf, mein Hirn friert ein, meine Stimme versagt, mein Atem weiß nicht mehr den Weg. Schweißausbruch. Hitzeflash.

„Ich... Sie meinen..."

„Ja. Wir können es versuchen. Lass uns einen Termin mit deinen Eltern machen."

Nur wenige Tage später sitzen wir zu viert – Ben ist natürlich dabei – wieder beim Augenarzt.

„Die Kosten würden über einen besonderen Etat der Krankenkassen bezahlt, mit dem neue Methoden gefördert werden.

Belindas Augen sind aus meiner Sicht ideal für die OP; doch muss ich darauf hinweisen, dass keine Erfolge garantiert werden können. Ist alles noch sehr im Versuchsstadium und Belinda wäre eine freiwillige Probandin..."

Ich nicke und nicke. Mir fehlt jeder Zweifel. Ben drückt meine Hand.

„Die Sache hat bei Belinda einen anderen Haken", fährt Herr Behrends fort. „Menschen, die noch nie etwas gesehen haben, leben in einer völlig anderen Erfahrungswelt. Sie haben die Welt sozusagen in ihren Händen abgebildet, nicht in den Augen. Das kann zu schwerwiegenden psychischen Problemen führen: sie können das neue Bild, das sie bekommen, überhaupt nicht verstehen. Sie müssen einen Baum neu lernen, einen Menschen, einen anderen davon zu unterscheiden, alles eben. Alles, für das ein Baby Jahre Zeit hat, kommt plötzlich über sie.

Proportionen sind in den Händen anders abgebildet als in den Augen. Farbempfindungen können ganz anders sein als erhofft. Vielleicht empfindest du dich selbst als fremd, wenn du dich das erste Mal im Spiegel siehst, Belinda? Vielleicht ist deine Vorstellung von Ben eine ganz andere und du magst ihn anschließend gar nicht mehr sehen?

Es ist ein hohes Risiko, das du eingehen würdest."

Ich bin verwirrt, ich will um Bedenkzeit bitten.

Bedenkzeit?

Spinne ich plötzlich?

Bedenkzeit, ob ich das Licht sehen will?

„Ich will nur das Licht sehen; alles andere findet sich, nicht wahr, Ben?"

Er umarmt mich, sagt aber nichts.

„Wenn es mich irritiert, kann ich doch einfach die Augen zumachen!"

Er drückt mich und fügt hinzu:

„Ich bin bei dir, was immer geschieht, Belinda."

So geschah alles noch weit vor Weihnachten.

Heute sitze ich in der Klinik mit verbundenen Augen. Der Raum wurde abgedunkelt – was ich in seiner Bedeutung nach wie vor nicht verstehe. Alle stehen um mich herum: meine Eltern, Bens Mutter, Chrissy und Ahmed, Vulcano und Vanella. Ben steht hinter mir, und gemeinsam wollen wir meine Augen verschlossen halten.

Der Verband wird entfernt, doch lasse ich meine Lider zusammengepresst. Bens Hände über meinen Augen, meine Hände auf Bens Fingern.

Der Arzt sagt: „Ok."

Finger um Finger öffnen wir die Hände.

Zuletzt öffne ich die Augen – und schreie auf:

ich sehe gleißendes, schmerzendes, wunderbares, herrliches

Licht.

Danke!

Über dreißig Jahre hatte ich immer wieder Kontakt zu Menschen, die nicht sehen können. Weil mir dieses Schicksal auch bevorstehen könnte, wollte ich immer genau wissen, wie es sich wohl anfühlt, nichts mehr zu sehen. Kann man aber nicht nachfühlen, wenn man es auch noch so intensiv versucht...

Ich hoffe, ich habe mit diesem Buch nicht die Gefühle von Menschen verletzt, die nicht sehen können. Das war nicht meine Absicht. Vielmehr wollte ich mit diesem Buch zum Ausdruck bringen, wie hoch ich die Leistungen schätze, die all die Nicht-Sehenden täglich erbringen.

Ich widme das Buch Christina vom Foz do Iguassú, der wunderbaren Deusa lucifica aus Brasilien. Ein Leben lang ist es her, seitdem wir den Wasserfällen des Teufelsrachens lauschten und sie mich ein klein wenig in ihre Welt mitnahm.

Ich danke Frau Reimann, die früher mal sah, und Frau Niemann, die noch nie etwas sehen konnte, für ihre Beratung zum täglichen Leben von Menschen, die nicht sehen können.

Den „blinden Hühnern" Juliette und Claudi, die mit mir stundenlang im Zug festsaßen, danke ich für das Erlebnis ihrer beispielslosen Lebensfreude und die Darstellung, wie man richtig duscht...

Blind L aus Berlin Keuzberg danke ich für ihre Rap-Songs zum Thema Licht. Ob sie immer noch singt?

Die Muse des Buches ist Vanessa *Vanella* Hörmann, die Seele des Nachbarschaftsgartens *Prachttomate* in Neukölln. Mit ihr habe ich in der alten Hollywood-schaukel all die Farben diskutieren dürfen. Wow!

Claudia Tonn hat gecheckt, ob ein Mann überhaupt aus Sicht einer jungen Frau schreiben kann. Danke für ihre Zustimmung!

Besonderer Dank gilt meiner starken Lektorin Stefanie Hahn. An den vielen Abenden, an denen ihr Mann Tischtennis spielen musste, haben wir jede Menge Spaß mit meinem Text gehabt! Herzlichen Dank!